U1071290

重读
《资本论》

Das Kapital

程恩富　刘新刚／著

人民出版社

目　录

序　言

在人类的历史上，人们一直在不断探索经济社会发展的规律。在很长一段时间，人类试图从“天”或“上帝”那儿寻找经济社会发展的启示。到了17世纪，以牛顿为代表的科学家对于自然科学的探索取得巨大突破，形成了一套严密的体系来解释自然界中万事万物运行的秩序。至此，人类历史翻开了新篇章，人类开始掌握自然的秘密，并在此基础上，获得了生产力的飞跃。自然科学对于自然界秩序的掌握使得社会科学界欣羡不已，同样也带给其启迪：既然自然科学从单个的原子出发展开分析，打开了自然界中的秘密，发现了其内在的神秘机理，那人类社会是否也可如此呢？

18世纪的经济学家亚当·斯密对这一问题进行了某种解答。受牛顿力学体系的影响，斯密将经济生活中的个人抽象为一个个孤立式的原子，而在斯密的体系中，经济社会中的“引力”就是个人利益，每个人为了追求自身利益的最大化而进行经济决策，并且个人的决策是理智的，即在既定条件下的最优解，从而是可预测的。而这样的个人，在没有“外力”干扰的前提下，即在仅仅凭借自身的意志进行判断决策的前提下，不仅自身可以获得利益最大化，同时也可以促使整个社会获得最大化的福利。而这种没有“外力”的环境，就是指每个人拥有人身自由和财务自由，即自由市场经济。因此，斯密本人对自由市场经济推崇之至，并对以原子式的个人为对象的自由市场经济运行规律进行了研究。其研究在之后的经济学家那里得到进一步发展，形成了古典主义经济学派。

自亚当·斯密以来，西方学界不同学派更迭，但这种掌握人类社会经济规律的渴望在西方一直存续。直到20世纪末，继承了古典经济学的新自由主义学派重新登场。新自由主义经济学将数学应用于经济学的研究与证明之中，从而“科学”地解释了自由市场制度下的完美经济。优美的逻辑、量化的研究手段与简明易懂的实施手段为新自由主义披上了“科学”的外衣，并借助于全球化的浪潮在全世界迅速地传播开来。一时间，各国教科书中纷纷采用新自由主义的理论主张，甚至直接将新自由主义的理论著述命名为“经济学原理”，很多国家更是采取了唯市场化和私有化的改革政策，以为如此便可以追上发达国家发展的步伐。新自由主义一时风头无二。

实践是检验真理的唯一标准。与理论在抽象前提基础上的“完美”不同，新自由主义在世界市场上的践行自20世纪末以来就屡屡暴露其弊端。从亚洲金融危机，到美国的IT泡沫，再到2008年爆发的金融危机和经济危机，新自由主义无法兑现自己的承诺，给我们一个共赢昌盛的经济世界。对此，有识之士已经开始不断反思和尝试。西方一些学者不断放宽新古典主义的理论前提，试图纠正其“理论漏洞”，但实践证明新自由主义酿成的灾难之大已经无法用“理论漏洞”来搪塞，如此颠覆性的灾难一定来源于根本性的错误。我们不要忘了，不管现代的西方新自由主义经济学体系如何纷繁精致，但其学理根源仍源于古典主义经济学，即认为人是原子式的个人，为了追求自身利益最大化而进行理性抉择。然而，各位读者反身自问，我们是否单纯属于这样的个人？一方面，我们的内心是否仍存有利他性，是高于“理性人”或“自私人”的存在？另一方面，我们追求个人利益，是否仅限于“理性计算”？新时代的中国要想获得发展，经济研究就不需要这些建立在抽象假设基础上的花架子，要实打实地研究我们的经济社会究竟是怎样的，怎么才能发展，怎么才能富强。

而纵观历史长河，真正透彻地从实践观点出发，从“现实中的个人”出发，对社会、对经济问题进行研究的是马克思。在《关于费尔巴哈的提纲》中，马克思对在旧唯物主义和唯心主义片面地研究个人和社会的方法进行了批判，认为前者只从客体角度出发，而后者只从主体角度出发进行研究。马克思认为，只有从实践出发，保持主客体张力结构，才是生活中“现实的个人”。恩格斯称在《关于费尔巴哈的提纲》中，包含着马克思“新世界观的天才萌芽”。以这一观点回顾古典主义和新自由主义的研究，可以明显看到二者仅仅关注于人的客观维度，从而将人物化为“原子式的孤立的个人”。而在《德意志意识形态》中，马克思则进一步揭示了人的本质，认为只有从实践出发，以现实为前提，才能对这些个人的生活环境进行考察，从而了解“现实的个人”。在这里，马克思首创的用基于实践观点的辩证唯物主义和历史唯物主义的世界观和方法论观察人类社会，而《资本论》则是马克思利用辩证唯物主义和历史唯物主义世界观和方法论观察当时的资本主义市场经济而得出的成果。其中，马克思反思了古典主义经济学基于想象的前提对资本主义市场经济进行的研究，并由此揭示出一些资本主义市场经济的基本运行规律。

2017 年是《资本论》第一卷发表 150 周年（2013 年经荷兰和德国联合提名，《资本论》第一卷和《共产党宣言手稿》均被选入联合国教科文组织世界记忆名录之中，而亚当·斯密的《国富论》尚未选入），2018 年是马克思诞辰 200 周年。有人说，在当今时代，相比于马克思的时代，经济社会已经发生了巨大的变化，《资本论》已经过时了。但是，难道辩证唯物主义和历史唯物主义的世界观和方法论观察真实经济运行不是当今时代最为稀缺的能力吗？马克思并没有在其著作中对其进行经济研究的方法论做非常系统的描述，只有在阅读《资本论》的过程中，我们跟随着马克思的思路进行运思，才能彻底掌握这一方法论。此外，《资本论》研究的资本主义市场经济发展到现在，虽然发生了巨大的变化，但其基本原理仍然适用于当下，需要我们在品读过程中联系实际，重新挖掘，创新发展。

中国特色社会主义进入新时代。在新时代，基于时代视域，重读《资本论》，在习近平新时代中国特色社会主义思想指引下，对于深刻认识当代资本主义，不断完善社会主义市场经济体制，积极创新中国气派的经济学，无疑都具有重要的理论和现实意义。

一

《资本论》述要

《资本论》这本伟大的著作，不仅仅向我们揭示了“现代社会的经济运动规律”[①]，更重要的是，它向我们展示了马克思在经济领域中运用基于实践观点的辩证唯物主义和历史唯物主义的世界观和方法论，是如何对当时的社会经济进行了准确的分析的。因此，虽然随着时代变化，经济社会中的具体命题在发生着不断的改变，但把握这些命题的科学的思维方式却始终没有改变。而马克思在著作中并没有对他的思维方法进行非常详尽、系统的论述，正如恩格斯所说，“马克思的整个世界观不是教义，而是方法”[②]，要想真正领悟马克思的世界观和方法论，就要还原《资本论》写作时的社会背景，了解《资本论》的写作目的，再研读全书，顺着马克思的研究

① 《马克思恩格斯文集》第 5 卷，人民出版社 2009 年版，第 10 页。

② 《马克思恩格斯文集》第 10 卷，人民出版社 2009 年版，第 691 页。

路线一同运思。本书提出重读《资本论》，目的正是带领读者从马克思的视角出发，在运思的过程中真正领会马克思对经济问题的考察进路。

（一）《资本论》小传

在马克思生活的时代，一方面，资本主义经济在西欧迅速发展，使得生产力得到迅速的提高，相应地，生产方式也发生了巨大的变化。18 世纪 60 年代，英国的产业革命已进入完成时期，资本主义生产方式在主要工业部门取得了完全的胜利，其工业生产和国际贸易均居世界首位，号称“世界工厂”。而在马克思生活的德国，经过 1789 年的资产阶级革命以及英国产业革命的影响，资本主义大工业也获得了迅猛的发展。另一方面，资本主义市场经济实践也出现了很大的问题，包括贫富分化、危机频发、生态恶化等等。生产方式的革命首先扩大了贫富差距。随着资本主义生产方式的不断扩张，新兴无产阶级的人数显著增加，并在经济和正式的斗争中逐步显现其力量。“1800 年工人不到 9 万，30 年代初便增至 80 万，40 年代末增至 200 万。”① 但是，工人阶级并没有享受生产力发展带来的福利，按照托马斯·皮凯蒂在《21 世纪资本论》中的说法，19 世纪和 20 世纪早期，“欧洲资本的存量为 6—7 年的国民收入，

① 史探径：《世界社会保障立法的起源和发展》，《外国法译评》1999 年第 2 期，第 43 页。

而美国是4—5年的国民收入”[①]，资本聚集在资本家手中的，工人则基本上一贫如洗，其贫富差距和阶级对立可见一斑。而与贫富差距悬殊相对应的，就是生产相对过剩的危机。当时的经济危机大约以10年为周期频繁爆发，比较著名的诸如英国1825年、1847年和1857年的危机等。此外，资本家在唯利是图本性的促使下，为追求超额剩余价值，采用新技术，疯狂地对自然资源进行开采，同时为了节省成本直接排放生产废弃物，使生态环境严重恶化，像马克思生活的伦敦当时就常年笼罩在污染的浓雾之下。这些都是资本主义市场经济内在矛盾的外在表现。一方面是生产力的发展，另一方面是劳动群众生活困苦不堪，这一时期工人群众自发举行的罢工此起彼伏，19世纪40年代末，欧洲各国更是爆发了一系列的革命运动。马克思和恩格斯在革命爆发后，直接参加并在实际上领导了无产阶级的革命，这为马克思在50年代以后创建无产阶级政治经济学提供了重要的素材和动力。

面对资本主义经济的现实问题，马克思迫切地需要创作出解开资本主义市场经济秘密的专著——《资本论》。《资本论》是马克思花了几十年的时间陆续写作出来的。在写作《资本论》之前，他已经系统地研究了法学、哲学，并创作了相关的经济学手稿等。可以说，《资本论》既是马克思对于经济运行研究的重要成果，也是其哲学方法论在实践中的重要应用。关于政治经济学，19世纪50年

① [法]托马斯·皮凯蒂：《21世纪资本论》，巴曙松等译，中信出版社2014年版，第167—168页。

代末，马克思原本计划按照从抽象到具体的方法，分六册来阐述他对资本主义经济制度的研究成果，这六册分别为《资本》《土地所有制》《雇佣劳动》《国家》《对外贸易》《世界市场》。按照《政治经济学批判》六册结构，第一册《资本》分为四篇："资本一般""资本的竞争""资本的信用""股份资本"，其中第一篇"资本一般"分为三章："商品""货币或简单流通""资本一般"，而第三章"资本一般"分为三篇："资本生产过程""资本的流通过程"和"资本和利润"。但马克思在《1861—1863年经济学手稿》的写作过程中，改变了六册计划，决定把《政治经济学批判》第一册《资本》第一篇"资本一般"的第三章"资本一般"作为独立著作《资本论》出版，《资本论》三册结构计划出现了。① 大约在1863年7月到1864年夏，马克思完成了《资本论》第一册手稿，1866年到1867年，他将这个手稿加工改写成《资本论》第一卷付印稿，即《资本论》第一卷德文第一版，此后又修订了德文第二版和法文版。而从《资本论》第一册手稿完成到马克思逝世，马克思分别写过两部《资本论》第二卷的完整手稿，以及六份个别章节和片段的基本修改稿和许多较短的草稿和意见。现行《资本论》第二卷是马克思逝世后，恩格斯在上述手稿的基础上进行编辑，并在内容和文字上作了重要的补充和修改后，于1885年出版的。而在进行《资本论》第三卷的写作时，马克思因为病情加重而很难独自进行写作，因此它是一部很不完整

---

① 参见田光、陆立军：《〈资本论〉创作史简编》，浙江人民出版社1992年版，第379—380页。

的草稿，“尽管每一篇的开头通常都相当细心的撰写过，甚至文字也多半经过推敲。但是越是往下，文稿就越是带有草稿的性质，越不完全，越是离开本题谈论的那些在研究过程中出现的、其最终位置尚待以后安排的问题，有些句子也就很难读懂”①。因此在马克思逝世后，恩格斯不仅编辑、加工了马克思留下的第三卷手稿，在不少地方作了重要的补充，还直接为第三卷增补了两篇重要论文作为附录，历经近十载的修订后《资本论》第三卷于1894年出版。

《资本论》按照从抽象到具体的方法，分别对资本的生产过程、资本的流通过程和资本主义生产的总过程进行研究。其中，第一卷主要研究的是资本的生产过程，正如马克思所说，在第一册中研究的是“资本主义生产过程本身作为直接生产过程考察时呈现的各种现象，而撇开了这个过程以外的各种情况引起的一切次要影响”②。而资本生产的实质就是劳动创造价值的同时，资本家剥削工人的剩余价值并对剩余价值进行积累，所以在第一卷的开篇，马克思首先阐述了劳动价值论，这是马克思主义经济学的基础。马克思的劳动价值论的主要观点包括：首先，商品作为资本主义社会财富的表现形式，具有价值和使用价值，价值是商品的社会属性；而生产商品的劳动同样具有二重性，作为无差别的人类劳动生成价值，而作为具体的劳动生产使用价值。商品的价值量是

---

① 田光、陆立军：《〈资本论〉创作史简编》，浙江人民出版社1992年版，第487—488页。

② 《马克思恩格斯文集》第7卷，人民出版社2009年版，第29页。

由生产商品的社会必要劳动时间决定的，而商品的价格则是商品价值的货币表现，价格围绕着价值而不断波动。而私人劳动和社会劳动之间的矛盾构成了商品社会矛盾的根源。同时，马克思还发展了货币理论，指出价值形式是指商品价值的表现形式，价值形式的发展依次经历了简单的、个别的或偶然的价值形式、总和的或扩大的价值形式、一般价值形式和货币形式，货币体现的是一定的社会生产关系，而货币的出现使得商品的买卖分离成为可能，进一步产生了私人劳动和社会劳动之间的矛盾。而在第一卷第二篇到第六篇中，马克思研究了剩余价值的生产，阐述了剩余价值生产理论，揭示了资本家和雇佣工人之间的剥削和被剥削关系。剩余价值生产理论的主要观点是，劳动力的价值由维持劳动力生产和再生产，包括维持劳动者本人及其家属生活、学习所需要的生活资料的价值决定，是一种使用价值大于价值的特殊的商品，而货币只有在市场上购买到劳动力这种特殊的商品时，才成为能够增殖的资本，因此，资本主义生产过程是劳动过程和价值增殖过程的统一，价值增殖过程是目的，劳动过程是价值增殖过程的手段。在此基础上，马克思还在第七篇中阐述了资本的积累理论，分析了资本家和雇佣工人之间剥削关系的发展及其变化趋势，揭示资本主义必然被社会主义代替的客观规律。

而在《资本论》的第二卷中，马克思主要研究了资本的流通过程，他不仅考察了单个资本的流通，同时也考察了社会总资本的流通。在第二卷的第一篇和第二篇，马克思研究了资本循环中的形态变化及其循环的连续性，阐述了科学的资本循环理论。单个资本的循环要经历购买、生产、出售三个阶段，分别采取货币资本、生产资本和商品资本三种职能形态，而货币资本、生产资本和商品资本这三种产业资本又有不同的循环形式。产业资本循环连续性的条件是三种职能形式在空间上并存和时间上不断继起。

在第三篇中，马克思分析了社会总资本的运动过程，资本主义社会总产品从实物上可分为生产资料和消费资料两大类，相应的社会生产分为两大部类，以及第一部类的生产生产资料的部类和第二部类的生产消费资料的部类，社会总资本运动要顺利进行，社会生产的两大部类之间及各部类内部必须保持一定的比例关系。总之，无论是单个产业资本还是社会总资本的循环，都需要时间上的连续性和各部类之间的协调性，但是在资本主义生产条件下，这往往难以实现，从而引发周期性的危机。《资本论》第三卷的研究对象则是资本主义生产的总过程，而在第一卷和第二卷中已经研究过剩余价值的生产和实现，因而第三卷主要侧重于剩余价值的分配理论。在第一卷中马克思已经论述过剩余价值是如何被资本家占有，而在第三卷中，马克思则从抽象上升到具体，研究了资本家阶级中不同的集团如何根据所占有的不同的生产资料而分割剩余价值，形成产业利润、商业利润和利息，同时研究了大土地所有者依据对土地的所有权，以地租的形式占有剩余价值的一个部分。至此，马克思通过《资本论》的三卷册，以劳动价值论为基础，以剩余价值理论为中心，揭示了资本主义社会的本质和结构，及其发展和灭亡的必然趋势。全书重点突出劳动、资本和剩余价值三大范畴系列，三卷共同形成了一个政治经济学的新体系。

（二）工人阶级的"圣经"

正如上文所述，在马克思生活的年代，工业革命的浪潮席卷西方，英国是第一个进行工业革命的国家，接着，法、美、德、俄诸国也掀起工业革命的浪潮。工业革命对生产力的发展和生产关系、社会关系的变革，都产生了深刻影响。由于这一时期机器的发明和使用，生产力获得了前所未有的飞跃，与之同时发生的，就是传统的工场手工业的生产方式被淘汰。如果说在工场手工业或者手工作坊的时代，劳动者还存在着拥有劳动资料、进行独立生产的可能，那么在大工厂时代，机器的巨大生产力是传统人力无法相比的，手工业者必然被社会所淘汰。因此，生产力发展的结果就是生产者从独立的小生产者变为出卖劳动力的雇佣工人，除了把自己的劳动力出卖给资本家外没有其他维持自己的生活的办法。随着工业革命的推进，工人数量不断增加。"英国在1771年才建立第一个工厂——克罗姆福德纱厂，到了1835年，全国已有棉纺织厂1，262家，棉纺织厂工人达220，134人。"①

可是，在19世纪的英国，伴随着工业革命开展的完成，工人

① 庄解忧：《世界上第一次工业革命的经济社会影响》，《厦门大学学报》（哲学社会科学版）1985年第4期。

阶级成为一个新兴且庞大的阶级，这个阶级承担着社会生产的重任，却没有享受到社会生产力进步的福利。马克思在《莱茵报》担任主编的经历使他深深地卷入了社会生活，从这时起他就开始关心贫苦群众的利益。1843年，马克思迁居巴黎，法国沸腾的工人运动强烈地吸引着马克思，他满怀热情地参加工人们的集会，与工人们交往，与德国“正义者同盟”和法国工人团体领导建立联系。在工人运动中，马克思的立足点逐渐转移到无产阶级方面。1845年，马克思被逐出法国，迁居布鲁塞尔后，他和恩格斯一起更加深入地参加工人运动和民主运动，更加密切地联系工人阶级和人民群众。在无产阶级运动和无产阶级思想运动的推动下，马克思先在巴黎，后在布鲁塞尔，系统深入地研究政治经济学，同时继续钻研哲学和社会主义、共产主义学说，并做了大量的资料整理。但是，正如马克思指出的，想要赢得无产阶级斗争的胜利，“问题本身并不在于资本主义生产的自然规律所引起的社会对抗的发展程度的高低”，也就是说，问题不在于在道德上批判资本家对工人阶级的剥削，“问题在于这些规律本身，在于这些以铁的必然性发生作用并且正在实现的趋势”①。大约在1844年，出于对无产阶级的深切关怀和探索真理的追求，马克思产生了一个强烈的愿望，即为无产阶级的斗争与解放创作一部政治经济学巨著，这从此成为马克思终生奋斗的目标。在《资本论》中，马克思从劳动价值论入手，指出了

① 《马克思恩格斯文集》第5卷，人民出版社2009年版，第8页。

工人贫困的根本原因——资本主义生产方式下，资本家通过对工人的剥削完成资本积累，但是社会中处于绝大多数的工人阶级却只能获取维持自身劳动力再生产的最低工资。以此为基础，马克思考察了资本主义历史发展的大趋势，揭示出资本主义生产方式必将走向垄断，而资本的垄断将会“成了与这种垄断一起并在这种垄断之下繁盛起来的生产方式的桎梏。生产资料的集中和劳动的社会化，达到了同它们的资本主义外壳不能相容的地步。这个外壳就要炸毁了。资本主义私有制的丧钟就要响了。剥夺者就要被剥夺了”①。因此，《资本论》集中于对劳资关系的分析，不仅仅是出于对资产阶级道德上的批判和对工人阶级的同情，更重要的是劳资关系是当时时代最大的矛盾，只有从分析劳动关系入手，才能看到资本主义社会的根本矛盾，看到工人阶级解放的路径。

《资本论》是马克思为无产阶级创作的政治经济学著作，在当时的工人革命斗争中起到了领导性的作用，正如恩格斯评价的那样：“自从世界上有资本家和工人以来，没有一本书像我们面前这本书那样，对于工人具有如此重要的意义”②。1864年，在第一国际成立之初，无产阶级的斗争虽然已经具备了一定的斗争经验，但他们在指导思想和政治策略上显然还不成熟。在指导理论上，各个国家的工人运动缺乏统一的指导思想，比如，在英国，无产阶级运动中居于统治地位的指导思想是自由派工联主义，该思想认为通过合作发展

① 《马克思恩格斯文集》第5卷，人民出版社2009年版，第874页。
② 《马克思恩格斯文集》第3卷，人民出版社2009年版，第79页。

运动就能彻底改变工人阶级状况；在德国，拉萨尔主义占据了主导地位，其主张在保持专制的前提下有限度的改良社会；在法国、比利时，居于支配地位的是蒲鲁东主义，他们宣扬阶级调和与和平革命，反对暴力革命和无产阶级专政，幻想通过和平改良的办法，建立小手工业生产制度，实现小资产阶级的社会主义。这些理论没有从资本主义社会的基本矛盾出发，因而缺乏对于无产阶级解放的科学分析，无法为无产阶级革命提供内在的科学依据。同时，“在政治纲领上，第一国际也缺乏统一的理论指导，对无产阶级的历史使命以及斗争策略，都缺乏科学的认知，纷纷陷入到改良主义和折中主义的窠臼之中”①，从而对工人的政治运动产生了极为消极的影响。

而《资本论》德文版第一卷的出版，无疑对无产阶级的革命运动起到了指导作用。首先，“《资本论》为工人阶级的日常斗争提供了科学依据”②。当时，工人最为关心的就是和自己切身相关的“工作日、工资以及资本主义制度下机器的应用”③等问题，而《资本论》恰恰为这些问题作出了科学解答，彻底驳倒了拉萨尔所谓“铁的工资规律”，即认为工资的提高会刺激工人生育更多的后代，随着过剩人口的增多，工资将又被拉回到原来的水平上，从而为工人

① 孙乐强：《〈资本论〉形象的百年变迁及其当代反思》，《马克思主义与现实》2013年第2期。

② 孙乐强：《〈资本论〉形象的百年变迁及其当代反思》，《马克思主义与现实》2013年第2期。

③ 苏共中央马克思列宁主义研究院编：《围绕马克思〈资本论〉所进行的思想斗争史概论》，山东人民出版社1983年版，第63页。

阶级的日常斗争提供了科学依据。其次，《资本论》由于“有力地清除了第一国际中的巴枯宁主义以及蒲鲁东主义”①，从而统一了工人阶级的思想，促进了工人阶级内部团结。同时，随着《资本论》各种版本的出版和进一步传播，“马克思主义逐渐在工人阶级中占据主导，为之后各国无产阶级政党的建立以及社会主义纲领的制定奠定坚实的理论根基”②。而在马克思逝世后，恩格斯承担了继续编辑、修改《资本论》第二、三卷的重任。随着《资本论》第二、三卷的出版，在马克思去世后，马克思主义在工人阶级中不断传播，截止到19世纪80年代中后期，欧洲各国都相继成立了以马克思主义为指导思想的工人阶级政党和组织，并以马克思的经济学说为依据制定了社会主义革命纲领，对工人阶级的运动起到了主导作用。因此，正如恩格斯在《资本论》的英译版序言中描述的那样：“《资本论》在大陆上常常被称为‘工人阶级的圣经’。任何一个熟悉工人运动的人都不会否认：本书所作的结论日益成为伟大的工人阶级运动的基本原则。”③

随着经济全球化的变迁，资本主义市场经济制度也进行着改良，在一定程度上利用制度设计调和自身的各种矛盾和冲突，但是，当今时代劳资关系依然是最主要的阶级矛盾和社会矛盾，马克

---

① 孙乐强：《〈资本论〉形象的百年变迁及其当代反思》，《马克思主义与现实》2013年第2期。

② 孙乐强：《〈资本论〉形象的百年变迁及其当代反思》，《马克思主义与现实》2013年第2期。

③ 《马克思恩格斯文集》第5卷，人民出版社2009年版，第34页。

思在《资本论》中对劳资关系分析时采用的辩证唯物主义和历史唯物主义世界观和方法论仍适用于当今时代的研究。

（三）马克思主义“百科全书”

《资本论》对资本主义的剖析不仅仅是从经济学层面展开的，而且是从哲学和科学社会主义的整体性角度展开的，对社会问题的探讨上升到以经济问题为内核的整体性的高度，从而完成了对古典政治经济学的彻底超越和对未来社会主义的合理展望。

《资本论》首先在哲学方法论上进行了革命。在马克思进行《资本论》创作之前，唯心主义和旧唯物主义占据了理论界的主流，但早在《关于费尔巴哈的提纲》中，马克思就对只从主体角度或者只从客体角度去抽象地理解人的观点进行了批判。而在《德意志意识形态》中，马克思对唯心主义和旧唯物主义对人的抽象的理解的观点进行了进一步的批判。他认为，前者只关注人的主体维度，“从意识出发，把意识看做是有生命的个人”①，认为观念、思想、概念支配着人，因而现实世界是观念世界的产物；② 后者对现实、对象、感性，则只从客体的形式去理解，只是把人看作是“感性对象”而非“感性活动”来理解。③ 在《关于费尔巴哈的提纲》中，马克思谈到，

① 《马克思恩格斯文集》第 1 卷，人民出版社 2009 年版，第 525 页。

② 参见《马克思恩格斯文集》第 1 卷，人民出版社 2009 年版，第 510 页。

③ 参见《马克思恩格斯文集》第 1 卷，人民出版社 2009 年版，第 530 页。

与唯心主义和旧唯物主义的认识论不同，“人的本质不是单个人所固有的抽象物，在其现实性上，它是一切社会关系的总和”①。在对二者的扬弃的基础上，马克思提出，他所研究的不是那种从单一维度出发的、想象中的那种个人，而是“现实中的个人”②。而这种个人，“是从事活动的，进行物质生产的，因而是在一定的物质的、不受他们任意支配的界限、前提和条件下活动着的”③。也就是说，现实中的个体是在实践、在社会交往中造就的个人，个人所处不同的社会关系造就了不同的个人，而最重要的社会关系就是生产关系。对于资本主义社会进行研究，就要从这种特殊的生产方式和生产关系出发，研究其运行规律，而不能抽象地研究，陷入唯心主义的泥潭。因此，通过对唯心主义和旧唯物主义的扬弃，马克思发展了基于实践观点的辩证唯物主义和历史唯物主义：辩证唯物主义的研究方法，主要体现为思维抽象与思维具体、对立与统一、否定与肯定、量变与质变、内容与形式等多种方法；而将这种实践观点应用于考察社会发展中，马克思创立了历史唯物主义，认为社会经济形态的发展是一种自然的历史过程，生产方式是社会历史发展的决定力量，它制约着全部社会生活，决定着整个社会历史的变化发展。虽然马克思并没有在其著作中对他的基于实践观点的辩证唯物主义和历史唯物主义的世界观和方法论进行系统阐述，但是，正如

① 《马克思恩格斯文集》第 1 卷，人民出版社 2009 年版，第 501 页。

② 《马克思恩格斯文集》第 1 卷，人民出版社 2009 年版，第 524 页。

③ 《马克思恩格斯文集》第 1 卷，人民出版社 2009 年版，第 524 页。

列宁指出的，“虽说马克思没有留下‘逻辑’（大写字母的），但他遗留下《资本论》的逻辑，应当充分地利用这种逻辑来解决这一问题。在《资本论》中，唯物主义的逻辑、辩证法和认识论［不必要三个词：它们是同一个东西］都应用于同一门科学”①。《资本论》历史与逻辑相结合的方法论，为我们认识当代资本主义现实和历史趋势、分析当代社会历史现象提供了科学的逻辑框架和有效的分析工具。当今世界相对于马克思写作《资本论》的年代已经发生了巨大变革。但是，生产力与生产关系的矛盾运动规律对社会发展趋势的决定性，是不以人的意志为转移的。资本主义的发展是一个自然的历史过程，无论资本主义如何进行自身调整，资本主义经济关系形成、发展直至最后消亡的大趋势不会变。

在哲学方法论进行革命之后，马克思将其哲学方法论应用于经济学的创新性研究中，科学地批判了以亚当·斯密（Adam Smith）为代表的古典主义政治经济学的人性基础。斯密开创的资产阶级古典政治经济学在 19 世纪处于主流地位，其从“自私人”的前提出发，认为每个人进行经济活动的目的都是要获得自身利益最大化，而在自由市场机制下，这种自私的个人通过竞争来获取最大化的个人收益的同时，也能够自动促使整个社会的效率提升并且达到福利的最大化。而马克思认为，斯密进行经济研究时，从某种程度上受到当时蓬勃发展的自然科学的影响，有鉴于自然科学体系的“完满”

---

① 《列宁专题文集 论辩证唯物主义和历史唯物主义》，人民出版社 2009 年版，第 145 页。

性，其想要构建一个类似于自然科学体系的经济学体系。因此，斯密将经济生活中的个人抽象为孤立而理性的个人。“理性人”没有主体性，其实就是一个“物”，在《〈政治经济学批判〉导言》的开篇，马克思就明确地批判道：“被斯密和李嘉图当做出发点的单个的孤立的猎人和渔夫，属于18世纪的缺乏想象力的虚构”①。马克思认为原子式的“理性人”不过是一种想象，因为斯密仅仅从单一的维度，即客体维度对人进行抽象，没有关注人的主体维度层面中感性的活动。而在《资本论》中，马克思则运用唯物辩证法的对立统一规律、质量互变规律和否定之否定规律，以及整体分析法和阶级分析法等诸多方法，深刻阐明了在资本主义市场经济这种特殊的经济关系下，经济主体是如何在自由市场经济中利用经济关系进行谋利，从而使得市场远离斯密所设想的效率状态。

同时，运用历史唯物主义，马克思在《资本论》中还进一步对未来社会主义进行了展望。马克思认为，在资本主义商品经济条件下，个人追求自身利益最大化，人的自我实现表现为利己主义，而在共产主义社会，由于“人的依赖性”和“物的依赖性”的消除，生产力高度发展，个人的自我实现表现为个人本身的发展和社会发展的和谐一致。马克思的分析表明，人的本性是不断变化的，是一定的经济关系和经济环境决定了经济活动中人的本性和本质。资本主义私人生产条件下，“现实的个人”在生产生活中的角色被分工

① 《马克思恩格斯文集》第8卷，人民出版社2009年版，第5页。

所固定，此时他们所追求的利益是“自己的特殊的、对他们来说是同他们的共同利益不相符合的利益”①，因此，这种条件下，人的活动本身对于人来说，就成为“一种异己的、同他对立的力量，这种力量压迫着人，而不是人驾驭着这种力量”②。而随着生产力的普遍发展，人们将建立普遍的交往，这种“异己的”力量的发展将使生产者更加不满自己的生存状态，因为这种分工使得人的“存在”同人全面发展的“本质”不相符。通过实践，产生这种分工的私有制社会关系终将被消灭，从而使得我们进入这样的联合体，在那里，“每个人的自由发展是一切人的自由发展的条件”③。因此，资本主义制度不是永恒的，它必然随着生产力和生产关系矛盾的冲突而被替代。

---

① 《马克思恩格斯文集》第 1 卷，人民出版社 2009 年版，第 537 页。

② 《马克思恩格斯文集》第 1 卷，人民出版社 2009 年版，第 537 页。

③ 《马克思恩格斯文集》第 2 卷，人民出版社 2009 年版，第 53 页。

二

《资本论》的核心

（一）劳动创造财富和价值

从经济学产生之日，经济学家就在探索一个问题——财富的本质是什么？在马克思之前，不同的学派给出过不同的答案。重农学派认为工业的生产和商业的流通都不能产生财富，只把土地生产物看作各国收入及财富的唯一来源，并用农业的投入和产出的差值来衡量财富的积累；而重商主义则认为贵金属（货币）是衡量财富的唯一标准，一国拥有的贵金属越多，就会越富有、越强大，因此要使国家变得富强，就应尽量使出口大于进口，因为贸易出超才会导致贵金属的净流入。不同学派虽然见解不同，但其不过是将特定时代中具有代表意义的某种特殊商品定位为财富，而没有深入研究隐藏在种类纷繁的商品背后的财富的本质是什么。而在马克思生活的年代，成为主流经济学的古典政治经济学理论，虽然含有劳动价值论的一些思想，却并没有在其学说中贯彻这一价值理论，最终使得其对财富的理解停留在使用价值层面，不能对财富的本质进行分析，转而对表现为相对价值的财富的量的方面进行研究，认为商品的价值“只存在于由交换关系引起的表现中，也就是只存在于每日行情表中”①。由于没有看到财富的本质，这些学说对于现实经济中围绕社会财富的生产、消费、分配而产生的一系列矛盾缺乏解释力，这一问题在《资本论》中得到了彻底的解决。

遵循历史唯物主义的原则，马克思对于财富的研究紧密地结合着历史的发展进程。首先，在“资本主义生产方式占统治地位的社会的财富，表现为‘庞大的商品堆积’，单个的商品表现为这种财富的元素形式”②。因此，马克思对于财富的分析就从对商品这种特殊的财富形式开始。对于商品的本质，古典政治经济学将其抽象为使用价值，即认为商品的有用性使得其成为财富。然而，在资本主义市场经济中，生产者生产商品的目的不是自己使用，而是为了交换，因此使用价值并不是这种特殊的历史形式下的财富的本质。而通过研究“商品同商品的社会关系”③，研究隐藏在商品的交换背后的秘密，马克思看到不同质的使用价值可以进行交换，因此支撑它们进行交换的必然是一种同质的因素，这种因素在不同的商品中

---

① 《马克思恩格斯文集》第 5 卷，人民出版社 2009 年版，第 76 页。

② 《马克思恩格斯文集》第 5 卷，人民出版社 2009 年版，第 47 页。

③ 《马克思恩格斯文集》第 5 卷，人民出版社 2009 年版，第 61 页。

“只能有量的差别，因而不包含任何一个使用价值的原子”①。而将商品的使用价值抛开，那么“商品体就只剩下一个属性，即劳动产品这个属性”②。如果不考虑商品的使用价值，相应地，就不应该考虑使得商品具有不同使用价值的劳动的具体形式，“随着劳动产品的有用性质的消失……因而这些劳动的各种具体形式也消失了。各种劳动不再有什么差别，全都化为相同的人类劳动，抽象人类劳动”③。因此，通过科学抽象，马克思超越了古典政治经济学将财富归结为商品的使用价值，而进一步地将财富——在资本主义市场经济中采取“价值”的形式——的源泉抽象为无差别的人类劳动。而价值的量则由其“包含的‘形成价值的实体’即劳动的量来计量”④，具体来说，是由“在社会平均的劳动熟练程度和劳动强度下制造某种使用价值所需要的劳动时间”⑤，即“社会必要劳动时间”来衡量。

而在对财富的本质进行研究之后，马克思则进一步对劳动生产率和商品的价值总量之间的关系进行了研究。在前文的论述中，我们看到，马克思在《资本论》中指出，商品的价值量是由生产商品的“社会必要劳动时间”决定的，但是，生产商品的社会必要劳动时间会随着劳动生产率的变动而变动。“劳动生产力越高，生产一

---

① 《马克思恩格斯文集》第 5 卷，人民出版社 2009 年版，第 50 页。

② 《马克思恩格斯文集》第 5 卷，人民出版社 2009 年版，第 50—51 页。

③ 《马克思恩格斯文集》第 5 卷，人民出版社 2009 年版，第 51 页。

④ 《马克思恩格斯文集》第 5 卷，人民出版社 2009 年版，第 51 页。

⑤ 《马克思恩格斯文集》第 5 卷，人民出版社 2009 年版，第 52 页。

种物品所需要的劳动时间就越少，凝结在该物品中的劳动量就越小，该物品的价值就越小。相反地，劳动生产力越低，生产一种物品的必要劳动时间就越多，该物品的价值就越大。”①因此，商品的价值量与实现在商品中的劳动的量成正比的变动，而与这一劳动的生产率水平成反比的变动。但是，对马克思关于“商品价值量与劳动生产率变动规律”的理论必须辩证地理解。

首先，马克思关于劳动生产率与商品价值量反向运动规律，暗含一个重要假定前提，即撇开了劳动主观条件对劳动生产率的影响，而只考虑劳动客观因素对劳动生产率的影响。在这样的前提条件下，马克思才能将商品的使用价值与具体劳动联系在一起，将价值与抽象劳动联系在一起，进而确定劳动生产率取决于具体劳动的效率，使用价值的变动是具体劳动生产率作用的结果，两者同方向变动。马克思生产率和价值总量成反比暗含这一假定：“生产力的变化本身丝毫也不会影响表现为价值的劳动……不管生产力发生了什么变化，同一劳动在同样的时间内提供的价值量总是相同的。”②这里的同一劳动是指同一企业的劳动，同样的时间则是指这一部门生产某种商品所需要的社会必要劳动时间。如之前的教科书中就是这样叙述的：一月份某厂1小时生产4吨钢，1吨钢价值是1/4小时；二月份，这个厂劳动生产率提高到1小时生产8吨钢，1吨钢价值降为1/8小时。这是因为在劳动生产率提高的场合，劳动时间并没

① 《马克思恩格斯文集》第5卷，人民出版社2009年版，第53页。

② 《马克思恩格斯文集》第5卷，人民出版社2009年版，第60页。

有变，支出的劳动量也没有变，发生变化的仅仅是具体劳动。结果是，同量的劳动原来凝结在4吨钢中，后来凝结在8吨钢中，从而每吨钢的价值量减少了一半，可见，这里没有考虑劳动生产率与劳动主观因素复杂化之间的变量关系。但是，在分析影响劳动生产率变化的因素时，马克思又承认劳动生产率是由劳动的主观条件、劳动的客观条件、劳动的自然条件等多种因素决定的。他认为，“劳动生产力是由多种情况决定的，其中包括：工人的平均熟练程度，科学的发展水平和它在工艺上应用的程度，生产过程的社会结合，生产资料的规模和效能，以及自然条件”①。显然，这里的劳动复杂程度、熟练程度以及劳动强度等劳动条件是劳动的主观条件，而生产资料、技术等劳动条件则是劳动的客观条件。同样，马克思还承认，就个别企业而言，“生产力特别高的劳动起了自乘的劳动的作用，或者说，在同样的时间内，它所创造的价值比同种社会平均劳动要多”②。即使在世界范围内，马克思也认为“国家不同，劳动的中等强度也就不同；有的国家高些，有的国家低些。……强度较大的国民劳动比强度较小的国民劳动，会在同一时间内生产出更多的价值……生产效率较高的国民劳动在世界市场上也被算做强度较大的劳动”③。这样，在马克思的这一理论中，就出现了影响劳动生产率变动的因素，包含劳动复杂化和劳动强度这类主观因素，同考察

---

① 《马克思恩格斯文集》第5卷，人民出版社2009年版，第53页。
② 《马克思恩格斯文集》第5卷，人民出版社2009年版，第370页。
③ 《马克思恩格斯文集》第5卷，人民出版社2009年版，第645页。

劳动生产率变动的结果舍弃劳动复杂化和劳动强度的不一致的论述，导致逻辑上的悖论。因此马克思关于劳动生产率与商品价值量反向运动的表述只是一种实际状态，而非全部状态。

其次，马克思商品价值量与劳动生产率反向变动规律并不充分表现社会必要劳动时间的动态变化过程，因而不完全适用纵向分析。劳动生产率是一个动态的变化过程，社会必要劳动时间也是一个动态的变化过程。在动态中，随着劳动生产率的变化，社会必要劳动时间外延会变化，它可能提高也可能缩小。这是因为，生产力特别高的个别劳动强度和复杂程度的提高会改变行业社会平均劳动的加权平均值，从而使社会必要劳动时间发生变化。尽管马克思认为，在每一个价值形成过程中，高级劳动都要不断地还原为社会平均劳动，例如，把一日高级劳动还原为几日简单劳动，因而不再考虑复杂劳动问题，但这样，劳动生产率提高前和提高后的社会必要劳动时间内涵就可能不一样。关于这点，马克思也意识到了，他说："每一种商品（因而也包括构成资本的那些商品）的价值，都不是由这种商品本身包含的必要劳动时间决定的，而是由它的再生产所需要的社会必要劳动时间决定的。这种再生产可以在和原有生产条件不同的、更困难或更有利的条件下进行。"①这样，就动态的或纵向比较结果看，马克思所讲的"同样劳动时间"就是存在着，其内涵也会发生变化。

---

① 《马克思恩格斯文集》第 7 卷，人民出版社 2009 年版，第 157 页。

最后，马克思在那一“反比”经典理论表述中用来计量劳动量的劳动时间是自然时间，是用日、小时为尺度的有长度、有限度的时间。在逻辑上是承认1日为24小时，2小时是1小时的2倍。但是，在实际的分析中，我们会发现加上简单劳动和复杂劳动这一因素，如果钢铁厂原来生产1吨钢的社会必要劳动时间是10小时，现在由于劳动的复杂性导致劳动生产率提高了，生产1吨钢的社会必要劳动时间是1小时。那么，现在1小时创造的较复杂劳动价值量等于原来10小时创造的较简单劳动价值量，即现在1小时等于原来10小时，这时，马克思的劳动时间就不是自然意义上的时间了，这时1小时劳动时间代表或表现的劳动量绝不是原来1小时包含的劳动量。所以，就静态来看，劳动量由自然劳动时间计量没有矛盾，但是，进行动态分析和劳动的复杂程度分析，劳动量是由自然劳动时间计量，但也具有变动性。

因此，要完善马克思这一理论研究的前提条件，就要将劳动的主观条件引入马克思的商品价值量与劳动生产率运动规律之中。就现实而言，劳动客观条件的很多变化都不可避免地引起劳动的主观条件的变化，如采用新的或更先进的机器设备后，直接使用机器的工人的劳动程度和劳动复杂程度可能降低也可能提高，但是，这时工人的概念可能不是一个单体，而是一个总体，就“总体工人”的劳动而言，其劳动的强度和复杂化都有提高的趋势。在现实经济社会中，劳动的客观条件单方面变动的情况只是一种可能性，更多的情况是两者的同步（可能是不同比例）变动。这样一来，马克思的

“生产力的变化本身丝毫也不会影响表现为价值的劳动……不管生产力发生了什么变化，同一劳动在同样的时间内提供的价值量总是相同的”①论断就不具有普遍意义了。这一方面在于，社会生产力变化本身就有表现价值的劳动因素的作用，这时的劳动也不是原来意义上的劳动，就劳动的复杂程度而言也已发生了变化。所以，当我们将劳动的主观条件引入到马克思分析的逻辑前提中，商品价值量与劳动生产率的运动方向就会发生变化，可能出现正向变动的趋向。

其次，将计量价值量的时间尺度区分为社会必要劳动意义上的自然劳动时间（外延尺度）和密度劳动时间（内涵尺度）。由于马克思将劳动时间确定为劳动自然时间，他虽然看到了劳动时间的“密度”，看到了社会必要劳动时间的动态运动，可是，在“反比”理论表述中没有区分劳动的自然时间和密度时间，而得出劳动生产率越高，生产一个商品所必要的劳动时间就越少，凝结在该商品中的劳动量就越少，它的价值也就越小的结论。反之，劳动生产率越低，生产一个商品所必要的劳动时间就越多，凝结在该商品中的劳动量就越多，它的价值也就越大。如果我们考虑到由于劳动的复杂程度、熟练程度和强度提升所引起的劳动生产率提高，并将社会必要劳动时间区别为自然劳动时间和密度劳动时间（个别劳动时间也一样），那么，同样 1 小时里包含的劳动复杂化和强化的程度是可以有差别的。这样，劳动生产率与商品价值总量就存在正方向变动

① 《马克思恩格斯文集》第 5 卷，人民出版社 2009 年版，第 60 页。

的关系。

总之，劳动生产率的提高表明，劳动者在单位自然时间内不仅可以创造更多的使用价值，而且，劳动时间密度的提高（即劳动复杂化和强化程度提高）也可以创造更多的价值。一般所说的劳动者素质的高低和劳动积极性的高低，在实际发挥作用中大都涉及劳动的复杂程度、熟练程度和强度，而不可能完全脱离它们独立存在。而基于上述认识，我们认为，无论从个别企业，还是从部门和全社会来观察，商品价值量与劳动生产率变动规律可以包括如下几个方面：

（1）如果劳动生产率变动是由劳动的客观条件变动而引起的，劳动的主观条件没有发生变化，那么劳动生产率与商品价值量是反方向的变动关系。数量关系：

单位商品价值量（v）= 一定劳动时间（T）/ 使用价值量（Q）= 1/ 劳动生产率（P）

（2）如果劳动生产率变动是由劳动的主观条件变动引起的，劳动客观条件没有变动，那么，劳动生产率与价值量变动是正方向变动。这里有两种情况：一种是自然社会必要劳动时间发生了变化（外延增加或减少），一种情况是自然社会必要劳动时间不变，但是，密度社会必要劳动时间增加了，即在同样的社会必要劳动时间里，劳动复杂程度和强度提高，可以创造更多的价值。

（3）如果劳动生产率变动是由劳动的主观和客观条件共同变动引起的，劳动生产率与价值量变动方向不确定，它可能是正方向变动也可能是反方向变动。

一般而言，个别企业、同一部门或行业和全社会的劳动生产率提高，会使商品价值总量呈现出增长的趋势。这是因为，在现实经济活动中劳动生产率提高或多或少都会伴随着劳动的复杂化和熟练程度的提高。

在《资本论》中，劳动始终居于核心地位，劳动价值论是贯穿于唯物史观、政治经济学和科学社会主义的一条红线。通过研究，我们在坚持马克思劳动价值论基本原则的基础上，对创造价值的劳动以及生产率和价值量规律进行了重新解读。对马克思价值论的进一步研究和重新解读，目的就是使得劳动价值论更加符合《资本论》的原意和当今时代的需要，从而为当今中国牢固树立财富和价值创造中劳动者的主体地位奠定更加坚实的理论基石。活劳动始终是创造价值的源泉，在非公经济占重要组成部分的社会主义市场经济中，我们必须始终站在劳动人民的立场上，树立尊重劳动和劳动者的价值理念，坚持劳动者在社会发展和财富创造中的主体地位，批驳几千年来流行的“剥削创造财富”谬论。而与此同时，也要注重科技劳动对于生产力水平和价值量的提升，在深化改革开放过程中，将科技的提升与劳动主体个人能力的提升相结合，促进知识劳动创造社会财富和价值的高质量发展。

（二）谁养活了资本家

在西方经济学体系中，认为资本、劳动、土地等都是生产要素，而各个生产要素的所有者都获得相应的报酬，资本家获得利润、劳动者获得工资、土地所有者获得租金收入。我们知道，劳动才是财富活的源泉，而西方经济学中按生产要素分配的理论则掩盖了这一财富的本质，似乎资本自身就带有增殖的能力。财富的本质和财富的增殖就以这样完全颠倒的形式呈现出来。而想要清楚资本增殖的秘密，清楚究竟是谁养活了资本家，就要进一步地在马克思的劳动价值论中挖掘资源。上文中我们已经研究了在《资本论》中，马克思是如何阐明财富从何而来这一问题，而进一步地研究以资本的形式进行的投资是如何增殖的这一问题，不仅仅能够论证在马克思所处的时代资本家对工人进行剥削的不合理性，更对当今时代有着重要意义。从社会整体层面上，这有助于缓解劳资矛盾、确立市场主体，而从个人角度，也有助于投资者理解财富增殖的本质，从而理智投资。

在马克思的劳动价值论中，马克思阐释了财富的获得源泉——劳动和自然界，而资本能够获得增殖的秘密，就在于能购买到劳动力这种特殊的商品。在资本主义生产方式下，一方面，劳动者具有人身自由，或者说，具有出卖自己劳动能力的自由；而另一方面，劳动资料与劳动者相分离，劳动者除了出卖自身的劳动能力之外，没有其他生存途径，这就使得劳动力成为商品。而劳动力不同于其他商品，它是价值的源泉，并且是大于自身价值的源泉。马克思指出："劳动力一天的维持费和劳动力一天的耗费，是两个完全不同的量。前者决定它的交换价值，后者构成它的使用价值。维持一个工人24小时的生活只需要半个工作日，这种情况并不妨碍工人劳动一整天。因此，劳动力的价值和劳动力在劳动过程中的价值增殖，是两个不同的量。资本家购买劳动力时，正是看中了这个价值差额。”①以资本家已经支付劳动力日价值为例，通过支付给工人一天的工资，他就获得了劳动力一个工作日的使用权。而实际上，劳动力维持自身价值只要半个工作日就够了，但资本家会要求工人劳动整个工作日，这样创造的价值就超过劳动力价值一倍，这个超出的部分就是价值的增殖，被资本家无偿占有。因此，资本增殖的秘密正是由于其买到了劳动力这种特殊的商品。而在资本主义生产条件下，“工人只有靠剩余劳动才能买到为维持自己生存而劳动的许可，因此容易产生一种错觉，似乎提供剩余产品是人类劳动的一种天生的性质”②，进而资本的增殖似乎就是资本的天性，一切资本似乎不加入劳动天然地带有增殖的本性，一切资本都可以被“资本化”而获得利润。资本家的利润和劳动之间的关系彻底颠倒过来。

既然资本增殖的源泉来自剩余价值，而资本的特性就是不断地追求增殖，那么，资本家必然会通过各种途径促使剩余价值增加，因此，马克思进一步提出了必要劳动和剩余劳动、必要劳动时间和剩余劳动时间的概念。工人劳动力价值取决于耗费的相应的生活资料的价值，只不过工人自己并没有直接生产出这些生活资料，而是遵照资本家所要求的商品形式生产出他用来购买生活资料的价值。

---

① 《马克思恩格斯文集》第5卷，人民出版社2009年版，第225页。

② 《马克思恩格斯文集》第5卷，人民出版社2009年版，第589页。

而在一个工作日中，工人只需要工作半个工作日就可以生产出购买其生活资料的新的价值，而这部分劳动就成为必要劳动，这个工作时间就成为必要劳动时间。超出这个时间的部分，称为剩余劳动时间。因此，更为具体地说，使得资本增殖的秘密是资本家购买到了劳动力这种特殊商品，并且是工人工作的时间超过其必要劳动时间，从而获取剩余价值。而资本逐利的本性注定其要追逐更大的剩余价值，这有两种途径：一是增加剩余劳动时间，马克思称之为绝对剩余价值的生产；另一个是缩短必要劳动时间，马克思称之为相对剩余价值的生产。绝对剩余价值的生产，是通过工作日的延长，从而使得剩余劳动时间增加。越长的工作日就意味着越多的剩余价值，因此，正如马克思所说，“资本主义生产——实质上就是剩余价值的生产，就是剩余劳动的吮吸——通过延长工作日，不仅使人的劳动力由于被夺去了道德上和身体上正常的发展和活动的条件而处于萎缩状态，而且使劳动力本身未老先衰和过早死亡”①。但是，工作日不可能无限地延长。一方面，其受到人的生理承受能力的约束，而另一方面，“资本无限度地追逐自行增殖，必然使工作日延长到违反自然的程度，从而缩短工人的寿命，缩短他们的劳动力发挥作用的时间，那么，已经消费掉的劳动力就必须更加迅速地得到补偿，这样，在劳动力的再生产上就要花更多的费用，正像一台机器磨损得越快，每天要再生产的那一部分机器价值也就越大。因

① 《马克思恩格斯文集》第 5 卷，人民出版社 2009 年版，第 307 页。

此，资本为了自身的利益，看来也需要规定一种正常工作日”①。因此，仅仅是增加绝对剩余价值不能满足资本增长的需求，“资本占有历史上遗留下来的或者说现存形态的劳动过程，并且只延长它的持续时间，就绝对不够了”②。

而另一种方法就是，减少劳动力的价值。劳动力的价值由再生产劳动力的生产资料的价值决定，资本通过“变革劳动过程的技术条件和社会条件，从而变革生产方式本身，以提高劳动生产力，通过提高劳动生产力来降低劳动力的价值，从而缩短再生产劳动力价值所必要的工作日部分”③。因此，资本总是试图通过增加绝对剩余价值和相对剩余价值两种形式的剩余价值，而使自身得到增殖的倾向。这说明，一方面，资本的本质就是追逐剩余价值，而剩余价值无论是绝对地增加还是相对地增加，都是对工人剥削程度的增加，可见，只要生产资料私人所有和社会化生产并存，劳资矛盾就一定会继续存在。而另一方面，资本对绝对剩余价值的追求受到工人生理条件以及制度方面的制约，这就促进资本家为了追求超额剩余价值，对管理和生产技术的因素进行改进，使得其生产率在短时间内高于社会一般生产率。而生产力的提高虽然能够在短时间内使得资本家获得超额剩余价值，但是在竞争机制的作用下，生产力的提高会在其他资本家中普及，使得社会平均的劳动生产率提高，从而必

---

① 《马克思恩格斯文集》第 5 卷，人民出版社 2009 年版，第 307 页。

② 《马克思恩格斯文集》第 5 卷，人民出版社 2009 年版，第 366 页。

③ 《马克思恩格斯文集》第 5 卷，人民出版社 2009 年版，第 366 页。

要的劳动时间下降，资本获得的相对剩余价值上升。因此，在生产资料仍然私有的前提下，资本必然追逐超额的剩余价值。一方面，需要制度的维护，保护工人的基本权益；另一方面，也需要维护资本追逐剩余价值的热情，从而促进生产率的提高。

以上我们考察了资本增殖的真正原因，也看到了隐藏在其中的劳资矛盾，看到资本增殖的根本原因就是对劳动进行剥削。而接下来，马克思的研究则向我们展示了资本家是如何将资本主义生产的秘密掩盖起来，使得资本家获得剩余价值成为一件看似合理的事情。为了解释这一现象，马克思对资本进行了分类，分为可变资本和不变资本，而在近现代资产阶级经济学中则掩盖这一客观事实，宣扬资本作为整体而获得利润。

首先，我们认识一下不变资本和可变资本及其区别。在资本家预付的资本中，一部分用来支付工人的工资，另一部分用来购买生产资料、机器厂房等，而这两部分的资本显然其性质是不同的。"工人把一定量的劳动——撇开他的劳动所具有的特定的内容、目的和技术性质不说——加到劳动对象上，也就把新价值加到劳动对象上。另一方面我们发现，被消耗的生产资料的价值又成了产品价值的组成部分，例如，棉花和纱锭的价值包含在棉纱的价值中。可见，生产资料的价值由于转移到产品上而被保存下来。这种转移是在生产资料转化为产品时发生的，是在劳动过程中发生的。"① 这是

① 《马克思恩格斯文集》第 5 卷，人民出版社 2009 年版，第 232 页。

工人在劳动过程中实现的两个过程。前一个过程是产生新的价值的过程，而后一个过程是工人将生产资料中的价值转移到新的产品中的过程，其中并没有产生任何新的价值。因此，资本家用于预付工人工资的那部分资本，马克思称为可变资本，用 v 表示，可变资本购买的劳动力能产生剩余价值；而资本家购买生产资料的资本，被马克思称为不变资本，用 c 表示，不变资本不产生新的价值。因此，以 m 表示剩余价值，社会总商品的价值就可以表示为 $w=c+v+m$。资本对于劳动的剥削程度，就可以用 $\frac{m}{v}$，即剩余价值和可变资本的比率来衡量，马克思将其称为剩余价值率。而资本生产的剩余价值总量则是要看一年之中有多少个这样独立的生产过程，要通过一年的剩余价值总量与预付可变资本总量的比率来计量，也就是年剩余价值率，表明预付可变资本的增殖程度。二者之间的数量关系用公式表示为：年剩余价值率 = 剩余价值率 × 年周转次数。这样，根据马克思的表达方式，资本增殖的秘密以及资本增殖的程度就一目了然。

然而，资产阶级经济学并不是这么定义资本的增殖途径的，它没有区分不变资本和可变资本，而是认为，“总资本在物质上是产品的形成要素，不管它作为劳动资料，还是作为生产材料和劳动，都是如此。总资本虽然只有一部分进入价值增殖过程，但在物质上总是全部进入现实的劳动过程”①。简言之，“资本家对于他所预付

① 《马克思恩格斯文集》第 7 卷，人民出版社 2009 年版，第 43 页。

的资本的一切部分，都期望得到同样的利益。”[①] 也就是说，“剩余价值，作为全部预付资本的这样一种观念上的产物，取得了利润这个转化形式。因此，一个价值额之所以成为资本，是因为它用来生产利润，换句话说，利润之所以产生出来，是因为有一个价值额被当做资本来使用。”[②] 如果我们用 k 来表示全部预付资本，用 p 来表示利润率，那么，根据古典经济学的理论，社会总商品的价值就可以表示为 w=k+p。在这里，我们可以看到利润和剩余价值是一个东西，但是，在古典经济学的解释中，再看不到剩余价值或者说利润真正的来源，因为“成本价格的表面的形成上，不变资本和可变资本之间的区别看不出来了，所以在生产过程中发生的价值变化的起源，必然从可变资本部分转移到总资本上面。因为在一极上，劳动力的价格表现为工资这个转化形式，所以在另一极上，剩余价值表现为利润这个转化形式”[③]。这样，资本家就彻底掩盖了资本增殖的秘密，资本凭借对劳动力生产的剩余价值的剥削而获得增殖的这一事实，就被扭曲成资本家凭借资本这种生产要素而获得利润，而工人的劳动作为一种生产要素其价值以工资的形式已经包含在预付资本中，各种生产要素按贡献获得回报，是一个所谓自由而公平的市场。

马克思的剩余价值理论解释了资本增殖的秘密，正是由于资

① 转引自《马克思恩格斯文集》第 7 卷，人民出版社 2009 年版，第 43 页。

② 《马克思恩格斯文集》第 7 卷，人民出版社 2009 年版，第 43—44 页。

③ 《马克思恩格斯文集》第 7 卷，人民出版社 2009 年版，第 44 页。

本无偿占有了劳动力创造出来剩余价值，才使得资本获得增殖。而资本的增殖程度，或者说资本获得的利润，和剩余价值率息息相关，资本越是对劳动形成剥削，就越是获得高额的利润率。而在此基础上，我们再来看由古典经济学首创并由现代的新自由主义经济学所继承的按生产要素分配的理论。在生产过程中，资本、土地、劳动都是缺一不可的劳动要素，那么按劳动要素分配是否存在剥削呢？有学者认为，“按要素分配并不是资本主义所特有的分配方式，而是市场经济所共有的与市场经济相适应、相一致的分配方式”，“在社会主义社会，按资分配……与资本所有者和劳动力所有者之间也并不存在经济利益的对抗性，并不存在剥削和被剥削的关系。”① 这种观点在实质上是把价值创造和价值分配混为一谈了。马克思的经济学原理一再强调，不变资本只能转移其价值，而不能创造出超过其自身价值的新价值；而劳动力除了通过具体劳动转移其自身价值之外，还能创造出超过其自身价值的新价值。资本正是在市场上购买到了劳动力这种商品，通过生产过程，创造出剩余价值。劳动价值论首先回答的是价值的创造和内容问题，至于价值的分配则取决于生产要素的所有权或产权状况。而严格说来，按要素分配应表述为按要素产权分配。市场经济条件下企业必须按要素产权分配，但其是否包含经济剥削，就要视产权的社会性质而定。

---

① 汤在新：《按资本要素分配是剥削吗？——兼论私营企业的划分》，《南方经济》2001年第6期。

（三）劳动成果的去向

剩余价值被创造出来之后，是如何在不同形式的资本之间实现分配的，我们需要了解不同类型资本获得收益的方式。

我们先来概括地浏览在《资本论》中，马克思对于剩余价值分配问题的阐述。剩余价值分配包括在职能资本与非职能资本以及农业资本三者之间的分配。职能资本包括产业资本与商业资本，非职能资本包括信贷资本、银行资本、股份资本和金融资本，而农业资本一般以土地作为其资本。这些资本家通过不同的形式对生产过程中创造的剩余价值进行分配。根据社会的平均利润率，按资本的大小对剩余价值进行分配。其中，非职能资本家以利息、银行利润和股息等具体形式获得收入，而农业资本家主要以地租的形式取得剩余价值。马克思所在的时代，由于金融资本尚未得到充分的发展，土地资本也尚未成为垄断性资本，而仅仅是存在垄断的趋势，社会主要的发展动力以及利润来源仍来自生产领域，因此，马克思在研究的时候将大部分精力集中于生产领域中。而在马克思逝世之后，世界逐步走进了垄断金融资本的时代，一直发展到今天，金融资本、土地资本等特殊领域的资本纷纷出现，马克思曾经指出的其脱离一般资本运动规律的趋势已经大为增强，出现了新的独立的运动规律。关于这一点，马克思由于时代限制没有重点研究，在这里我们将在马克思的思路上进行拓展。

其一，由于剩余价值来自生产领域，因而马克思对于剩余价值的分配理论围绕着商品的生产而展开。在《资本论》第二卷中，马克思提出产业资本可以分为三类，其在循环的过程中依次经历货币资本、生产资本、商品资本三种形态。正如我们上文分析的，生产资本通过买到劳动力这种特殊的商品而生产出了剩余价值，但是，拥有生产资本的资本家并不能获得全部的剩余价值，因为在发达的资本主义市场经济中，单靠生产资本无法完成商品的买卖，从而实现商品的价值。在商品的实际流通过程中，必然有一定规模数量的资本以商品资本的形态固定下来，不直接参与商品生产，专门承担商品流通职能，这就是商业资本。商业资本本身并不创造新的价值，但商业资本的独立化存在缩短了流通时间，加速了剩余价值的实现过程，个体劳动因此更快实现为社会劳动，从而有助于提升产业资本运转效率和增进产业资本积累。因此，商业资本虽然本身并不创造剩余价值，却参与剩余价值的分割。生产资本和商业资本对于商品的生产以及流通都作出了贡献，因而从事二者的资本家被马克思称为职能资本家。而除了商业资本外，参与剩余价值分割的还有生息资本。随着生产规模的扩大，生产过程中需要预付的资本数额增大，而货币资本家就将货币借给职能资本家。于是，商品完整的生产流通过程就成为 G—G—W—G′—G′。其中，第一个 G 是货币资本家借出的资本，G—W—G′ 则表示货币在职能资本家手中转化为实际资本，并由 G 变为获得剩余价值的 G′。而最后一个 G′ 是指生息资本经过一轮运动后以货币资本加上利息的形式归属货币资本家。在这个过程中，我们要清楚两个事实：第一，货币资本家之所以能够对剩余价值进行分割，是因为货币资本家在一定时限内将货币的使用价值让渡给职能资本家，而这种使用价值“是货币由于下面这一点而取得的使用价值：它能够转化为资本，能够作为资本执行职能，因而在它的运动中，它除了保存自己原有的价值量，还会生产一定的剩余价值，生产平均利润（在这里，高于或低于平均利润都表现为偶然的事情）”①。第二，货币本身不生产剩余价值，其只因为参与了生产过程，因而凭借资本的所有权对生产资本生产的剩余价值进行分割，所以货币资本家让渡货币的使用价值得到的利息，是职能资本家的利润的一部分，所以利息的上限就是利润。因此，职能资本家在支付货币资本家利息之后，归属自己的利润部分就表现为产业利润或商业利润。

其二，在清楚了上述三种资本的利润率来自何处之后，马克思进一步具体地考察了各个资本所获得的利润率是怎么确定的。就生产资本来说，尽管由于资本有机构成（可变资本与不变资本之间的比率），以及资本周转的周期的不同，不同行业的利润率是不同的。但是，不论在短期的生产过程中，各个具体领域内资本有机构成和资本周转周期如何，资本总是流向利润率较高的产业，而通过资本在不同行业间的流通与竞争，从长期来看，平均利润率总是根据社会总资本的有机构成及剩余价值的生产而决定，而

① 《马克思恩格斯文集》第 7 卷，人民出版社 2009 年版，第 393 页。

商品的生产价格则在商品成本的基础上根据平均利润率而进行计算。因此，不同领域的职能资本能够获得同样的利润率。但是，这部分利润率不全是职能资本家的企业主收入，利润要在职能资本家和货币资本家之间划分。但这里，马克思指出，这和利润率的决定有着完全不同的规律。“利润率的决定在本质上是建立在剩余价值和工资的分割基础上的”①，但是，在产业资本家和货币资本家之间，“这两种有权要求享有利润的人将怎样分割这种利润，本身是和一个股份公司的共同利润在不同股东之间按百分比分配一样，纯粹是经验的、属于偶然性王国的事情”②，也就是说，利息率的多少，完全取决于职能资本家和货币资本家之间的议价能力的强弱，完全取决于市场的供需，因而此处不存在所谓“均衡的”“自然的”利息率。

而在生息资本的形式上，生产关系开始发生颠倒和物化。对于货币资本家来说，他们并不关心借贷出的资本如何在生产中增殖，只关心资本是如何带着增殖流回来，货币资本的流通过程，即G—G—W—G′—G′，就成为G′—G′，“是生产更多货币的货币，是没有在两极间起中介作用的过程而自行增殖的价值”③。生息资本的增殖，似乎就成了脱离生产过程的事情，似乎“资本是它本身再生产过程的前提；货币或商品具有独立于再生产之外而增殖本身价值的

① 《马克思恩格斯文集》第7卷，人民出版社2009年版，第408页。
② 《马克思恩格斯文集》第7卷，人民出版社2009年版，第408页。
③ 《马克思恩格斯文集》第7卷，人民出版社2009年版，第440页。

能力”[①]，只要它被贷放出去，“那就无论它是睡着，还是醒着，是在家里，还是在旅途中，利息都会日夜长到它身上来”[②]。这样，生息资本就有了脱离职能资本而进行独立运动的趋势，而信用制度的发展，尤其是金融产业的发展，则为生息资本的独立运动提供了空间。随着信用制度的发展，“商品不是为取得货币而卖，而是为取得定期支付的凭证而卖”[③]，票据开始充当支付手段，而与此同时的，就是货币经营业的发展，对货币和引用的专业性管理成了其特殊的业务。而这样的货币经营业天然地具有集聚的特性：“银行家把借贷货币资本大量集中在自己手中，以致与产业资本家和商业资本家相对立的，不是单个的贷出者，而是作为所有贷出者的代表的银行家。银行家成了货币资本的总管理人”[④]。这样，一方面，货币资本在信用制度的发展下采取了更为广泛的形式，包括股票、债券、银行贷款等，而在发展了的形式上，货币资本的贷放成为一个脱离生产领域的、专业的服务，这样的服务只有一个目的——获得利息，因此其脱离生产领域而独立运动的倾向就更加明显；而另一方面，货币资本在银行等机构手中集聚，这就使得机构具有更大的议价权。因此，为了获得更大的利润，一方面，利息率的变动并不和职能资本发展的兴旺与否相适应，通常的规律是在资本循环顺利

---

① 《马克思恩格斯文集》第 7 卷，人民出版社 2009 年版，第 442 页。

② 《马克思恩格斯文集》第 7 卷，人民出版社 2009 年版，第 443 页。

③ 《马克思恩格斯文集》第 7 卷，人民出版社 2009 年版，第 450 页。

④ 《马克思恩格斯文集》第 7 卷，人民出版社 2009 年版，第 453 页。

的时候利息率低，而在危机时期、产品滞销职能资本萎缩时，利息率上升——因为一切都是为了获得更高的利润，而不是为了支持社会总生产，尽管这才是货币资本利润的来源；而另一方面，作为借者和贷者的中介，货币经营机构具有巨大的信息优势，一有机会，他们就会疯狂地以各种手段推动社会对货币的需求，以期获得更大利润。例如，在《资本论》中提到了鸦片战争为英国打开中国市场后出现的非理性繁荣：新的市场给予了棉纺织业扩展的借口，“我们怎么会有生产过多的时候呢？我们要为3亿人提供衣服”①。在这个生产发展点的刺激下，银行产生了以未销售的商品作为担保进行贷款的制度，而这一制度后来发展成了“专门为获得贷款而实行委托销售”②的欺诈制度，最终由于1846年农作物的歉收而引爆泡沫，导致了众多银行的破产。因此，在信用制度的发展下，货币资本往往脱离职能资本进行运动，推动经济的非理性繁荣，以获得高额的利润分割。

其三，而除了工业领域的三种形式的资本及其对于剩余价值的分割外，马克思还考察了农业领域中一种特殊的资本——土地资本，及其对剩余价值的分割。在资本主义生产方式下，土地和在土地上的劳动者被分离，实际的耕作者是雇佣工人，他们受雇于一个“只是把农业作为资本的特殊开发场所，作为对一个特殊生产部

---

① 《马克思恩格斯文集》第7卷，人民出版社2009年版，第458页。

② 《马克思恩格斯文集》第7卷，人民出版社2009年版，第459页。

门的投资来经营的资本家”[①]，即租地农场主，这个作为租地农场主的资本家，为了得到在这个特殊生产场所使用自己资本的许可，就要每年把自己获得的一部分利润交给土地的所有者。因此，在资本主义生产方式下的农业，存在以下三个对立的阶级：雇佣工人、产业资本家、土地所有者。农业中全部的剩余价值是由雇佣工人生产的，并由产业资本家和土地所有者进行瓜分。而由于土地的自然条件不同，条件较好的土地（可能是由于对土地的连续投资导致，也可能是由于自然力的条件），由于其个别生产价格低于一般生产价格而获得超额利润率，这个超额利润率和平均利润率的差额，就形成了级差地租，即土地所有者的收入。马克思还特别对建筑用地的地租进行了分析。对于建筑地租，与农业地租不同的是，“首先，位置在这里对级差地租具有决定性的影响……最后，在许多情况下垄断价格占有优势……并且这种土地所有权一旦和产业资本结合在一个人手里，便会产生巨大的权力，使得产业资本可以把为工资而进行斗争的工人从他们的容身之所地球上实际排除出去”[②]。在这里，马克思同时提出，土地的价格作为地租的资本化的结果（土地的价格 = 地租 / 利息率），有着上升的趋势，这主要是由于如下原因：第一，地租的上升；第二，由于利息率下降的规律，“地租按更贵的价格出售，因此，资本化的地租，土地价格，就增长了”[③]；第

① 《马克思恩格斯文集》第 7 卷，人民出版社 2009 年版，第 698 页。

② 《马克思恩格斯文集》第 7 卷，人民出版社 2009 年版，第 874—875 页。

③ 《马克思恩格斯文集》第 7 卷，人民出版社 2009 年版，第 878 页。

三，马克思进一步提出，与农业用地不同，建筑用地作为一种稀缺的自然资源，“不仅人口的增加，以及随之而来的住房需要的增大，而且固定资本的发展……都必然会提高建筑地段的地租”①，即建筑用地的价格具有更明显的上升趋势。

以上就是马克思对于工业和农业领域的生产资本、商业资本、货币资本以及土地资本如何对雇佣工人产生的剩余价值进行瓜分的基本观点。可以看到，尽管在马克思的年代，资本主义仍处于自由竞争的时期，但马克思已经看到了资本进行垄断的萌芽。例如，在研究货币资本的时候，马克思就指出其集聚的趋势，看到了其独立的运动规律，也指出货币资本为了获取高利润而对经济非理性繁荣而进行的推波助澜。在研究土地价格上涨规律的时候，马克思指出，对于土地价格，尤其是建筑用地的价格，土地价格有上升的趋势，并且，“在许多情况下垄断价格占有优势”②，不过他认为进行垄断的是土地资本和产业资本的联合。而在当今时代，信用制度经过了一个世纪的发展，马克思看到的这些趋势得到了难以想象的增强，以至于土地资本、货币资本不再是和产业资本联合从而进行垄断，而是获得了完全独立于社会总生产的运动规律，同时也获得了远高于一般利润率的收益。货币资本在信用制度获得极大发展的今天，彻底脱离了实体经济的发展，成为金融寡头。我们在上面的分析中看到，金融寡头手中，资本的循环形式是G—G′，其唯一的目

① 《马克思恩格斯文集》第7卷，人民出版社2009年版，第875页。

② 《马克思恩格斯文集》第7卷，人民出版社2009年版，第874页。

的就是获得增殖，为此，其必然为了扩大人们对货币的需求而助推经济的非理性繁荣。纵观20世纪末以及21世纪初资本主义国家和亚洲发生的几次影响巨大的金融危机，可以发现其中金融资本都遵循着如下的运动规律：在经济发展出现新的增长点时，通过利息率的调整以及新衍生品的推出而加大杠杆，助推经济繁荣；经济过度繁荣，金融寡头在资本市场上套现，获得收益；突发事件使得经济发展的泡沫被刺破，金融市场全面崩盘；危机之后，金融行业开始恢复，直到新的经济增长点出现，新一轮的杠杆开始施加，泡沫再度滋生。而和马克思的时代不同的是，凭借着对资本的垄断和强大的信息优势，金融资本甚至其本身就能决定干扰经济的发展，进而在资本市场中凭借其资金优势——这是再自然不过的事情，因为金融资本本身就是市场的扰动者——和信息优势进行谋利。如索罗斯对于泰铢的狙击，正是由于其手中聚集了巨额的货币资本，从而决定了汇率市场走向，进而引发连锁反应，最终不到三个月的时间获得了近100%的收益，但泰铢被迫一路贬值，大量工厂倒闭，失业率物价狂飙。索罗斯的量子基金获得了巨额收益，但并没有进行任何实质性的价值创造，不过是对泰国实体经济的发展剪了羊毛。而在《资本论》中马克思曾经论述了由于技术的进步，制造业的雇佣工人和使用机器的比率越来越小的趋势，而工人作为价值创造的源泉，对工人雇佣比例的下降必将导致利润率的下降。但是，金融资本由于不加入实体劳动，不仅不参与平均利润率的形成，还不参与理论率下降规律的形成，这就导致资源进一步地向金融领域倾斜，造成经济“脱实向虚”，使得经济发展失去动力。

从以上论述中足以看到，金融作为一个增加经济运行效率的工具，并没有在当今时代发挥出其本来的作用，相反地，金融寡头在没有对实体经济作出实际贡献的前提下，获取了巨额的利润。因此，一方面，在国家层面上，一定要对金融市场强力监督，以保证其信息的公开和透明，从而促使金融行业发挥其增加经济运行效率，并做到将经济发展的成果在金融市场上和广大人民共享的作用；而另一方面，金融市场的健康发展还有赖于每一个参与者的理性投资，要看清金融资本运行的独特规律，其并非完全是经济发展的“晴雨表”。只有有效的管理和理性的投资，才能共同塑造一个有效的金融市场，从而使得劳动的成果真正属于劳动的人民。

（四）资本主义经济运行机制

资本主义经济运行机制，包括在一国内部的资本主义经济运行机制和全球资本主义经济运行机制。马克思在《资本论》中以当时资本主义最发达的英国为典型国家，阐释了资本主义在一个国家之内的经济运行机制，当然也从某种程度上触及了全球资本主义经济运行机制。通过研读《资本论》，我们可以看出，一个国家内部的资本主义运行机制，包括：随着资本集中，劳资关系问题加剧；劳动力相对过剩与劳动者的贫困化；资本主义的对抗性矛盾导致资本循环不畅并引发经济危机；实体经济利润率下降；金融具有脱实向虚的趋势；土地价格有上涨的趋势；等等。

具体来说，随着资本的集中，资本联合起来进行定价的能力增强，劳资关系会更加紧张。同时，随着技术水平的上升，劳动力会出现相对过剩趋势，这会带来更为普遍的失业问题，从而加剧劳动者的贫困化。在《资本论》第二卷中，马克思探讨资本流通过程。通过分析，马克思认为，由于资本主义存在内在对抗性矛盾，会带来资本循环问题。在《资本论》第三卷中，马克思探讨了实体经济利润率下降规律，金融具有“脱实向虚”趋势和土地价格具有上涨趋势等资本主义运行机制。这一运行机制使得资本主义无法形成有效的经济体系，出现经济的无效率问题。

当前，资本主义已经发展到全球化态势。考察全球化时代资本主义运行机制就非常有必要。对于马克思《资本论》中提到的关于资本主义经济运行机制向全球化进行推导，无疑是重读《资本论》的题中应有之义。马克思谈道，“对外贸易的扩大……在资本主义生产方式的发展中，由于这种生产方式的内在必然性，由于这种生产方式要求不断扩大市场，它成为这种生产方式本身的产物”[①]。马克思主义认为全球化趋势首先源于经济上的必然性，从本质上说，它是资本的无限增殖和扩张本性的外在表现。如他写道：“资本主义生产过程的动机和决定目的，是资本尽可能多地自行增殖，也就

---

① 《马克思恩格斯文集》第7卷，人民出版社2009年版，第264页。

是尽可能多地生产剩余价值。”[①]因此，当前全球化的根本驱动力是资本积累的内在冲动。在资本主义社会，是经济上处于支配地位的大资产阶级主导了国内外的事务。因此，自然地就是“跨国公司的头面人物操纵了全球化的进程，并使之为他们的利益服务；他们还成功地传达了一种谬误：全球化不仅是不可避免的，而且已取得了巨大的成就”[②]。这正如美国的财政部原部长萨默斯一语道明的，“美国公司在每一个领域都确定了世界的标准”[③]。

具体分析，资本主义经济全球化有如下运行机制。第一，关于全球化进程中失业的发展趋势。马克思认为，随着资本有机构成的提高，“一方面，在积累进程中形成的追加资本，同它自己的量比较起来，会越来越少地吸引工人。另一方面，周期地按新的构成再生产出来的旧资本，会越来越多地排斥它以前所雇用的工人”[④]，其结果就是失业的增加。全球化趋势一开始就是资本力量自发作用的结果，而且是反映了资本积累加速的趋势即资本有机构成提高的必然产物。马克思还认为，“劳动生产力越是增长，资本造成的劳动供给比资本对工人的需求越是增加得快。工人阶级中就业部分的过度劳动，扩大了它的后备军的队伍，而后者通过竞争加在就业工人身上的增大的压力，又反过来迫使就业工人不得不从事过度劳动和

① 《马克思恩格斯文集》第 5 卷，人民出版社 2009 年版，第 384 页。

② [美] 爱德华·S. 赫尔曼：《全球化的威胁》，《马克思主义与现实》1999 年第 5 期。

③ 袁冬梅、廖进中：《经济全球化与美国经济增长》，《湖南大学学报》（社会科学版）1999 年第 3 期。

④ 《马克思恩格斯文集》第 5 卷，人民出版社 2009 年版，第 724 页。

听从资本的摆布”[①]。不争的事实是，全球化的加速发展是劳动生产率进一步提高的结果。

第二，关于全球化进程中贫困化的趋势。马克思阐明的资本主义积累规律，一方面包含着资本积累，即资本家财富的积累，另一方面是无产阶级贫困的积累。马克思借曼德维尔在《蜜蜂的寓言》中的话问，“在财产有充分保障的地方，没有货币还比较容易生活，没有穷人就不行，因为谁去劳动呢？”[②]目前全球化的发展则印证了马克思有关两极分化的论断。

随着经济全球化的深入，资本跨国流动能力愈来愈强，在与国家的谈判关系中具有更强的讨价还价的能力。资本要挟能力的提高，迫使国家为了留住资本而降低关税，取消管制，改革福利制度，出台优惠政策，这在很大程度上是以牺牲劳工利益为代价的。据调查，德国股份公司的税收在全国税收收入中所占的份额由1960年的9.5%降到1998年的3.8%，而工资收入税所占的比例则由12%上升到28%。[③]同时，相对于资本实力的增强，劳工作为一种集体力量出现了分散化的迹象，难以组织起来与强大的资本抗衡。同时，劳工抗衡资本的能力在某种程度上也受到移民和发展中国家成本低廉的劳动力的影响。其结果导致发达国家内部贫富差距

---

① 《马克思恩格斯文集》第5卷，人民出版社2009年版，第733页。

② 《马克思恩格斯文集》第5卷，人民出版社2009年版，第710页。

③ 参见杨雪冬、王列：《关于全球化与中国研究的对话》，载胡元梓、薛晓源：《全球化与中国》，中央编译出版社1998年版。

的拉大。马克思在《资本论》中引用当时的调查资料揭示到，“生产效率较高的国民劳动在世界市场上也被算做强度较大的劳动”①，但在当今全球化时代，雇佣工人的收入并没有随劳动强度的提高而相应增加，资本主义社会国内的剥削正日趋加重。例如，“尽管1973—1995年美国的生产率增长了35%，但社会中层人们的实际平均工资率在最近几年还是很低，收入的不平衡上升到70年前的水平”②，反库兹涅茨“倒U型分配曲线”规律的现象已经初现端倪了。其他发达国家也有类似的状况，“甚至在整个工业国家，出现了新的阶级——‘有工作的贫民’，即有工作、但工资几乎与第三世界相差无几”③。

第三，关于全球化中利润率的变化机制。当前，发达国家的一个主要目标就是将全世界纳入自由贸易体系之中，以便在交换中获取超额利润。长期以来，西方强国采取种种手段来迫使发展中国家全面开放其投资领域，进而大力扩大对外直接投资，美国的公司在20世纪90年代以来势力大增。美国公司之所以能如此显赫，显然是与它从全球化中的得利分不开的，其在海外的收益要远高于国内的收益。据美国商务部的报告，1989—1991年间，美国工业在亚洲投资的平均收益率为23.3%，高于它们在24个发达工业国家平

---

① 《马克思恩格斯文集》第5卷，人民出版社2009年版，第645页。

② [美] 爱德华·S. 赫尔曼：《全球化的威胁》，《马克思主义与现实》1999年第5期。

③ 《明镜》杂志记者：《涡轮资本主义改变着世界——全球化，世界范围内围绕劳动岗位与工资的竞争》，载张世鹤、殷叙彝编译：《全球化时代的资本主义》，中央编译出版社1998年版。

均收益率 12% 的一倍。[①] 可以说，经济全球化是支撑自 20 世纪 90 年代以来美国历史上少有的经济持续稳定增长的最重要的因素之一。[②] 联合国原秘书长安南甚至感慨道，“全球化这个词不是被看成是客观实际的描述，而是一种掠夺性的资本主义意识形态”[③]。

马克思对资本主义经济最基本的分析就是阶级分析，他认为在资本主义社会中，由于经济地位的不同，阶级分化是必然的。我们把马克思的阶级分析方法引入到全球化背景下的资本主义经济运行中，可以看到这样三个新的特点和趋势。

其一，当代全球化形成了“跨国资产阶级”。随着国际资本优势地位的逐步确立，资本的大规模跨国流动，使“跨国资产阶级”成为普遍现象。这一阶级服务于国际资本，为资本的全球化运作提供便利，并且使资本主义的文化和意识形态普遍化。可见，资产阶级日益突破了一国的局限，作为一个全球范围的概念而不断得到加强。

其二，当代全球化拉大了世界两极分化。发达国家在全球化中绝对地获大利。发达国家和发展中国家之间的贫富差距越来越大。其结果就是，在全球范围内重新形成“中心—边缘”的世界格局，世界财富向中心转移，发达国家的居民越来越富，而发展中国家相对越来越穷。作为全球化的经济体制，以发达国家大企业为中心的

---

① ［美］爱德华·S. 赫尔曼：《全球化的威胁》，《马克思主义与现实》1999 年第 3 期。

② 参见陈宝森：《论美国“新经济”》，《世界经济》1998 年第 6 期。

③ 陈普直：《金融危机与全球化》，《世界经济》1999 年第 8 期。

财富的积累和第三世界各国庞大的贫困积累，作为世界规模上的两极分化和无产阶级贫困化的理论，再现了马克思主义两极分化论的正确性。

其三，当代全球化强化了阶级或阶层之间的差距。现阶段，创造财富的资源已经发生了很大的变化，知识成为最主要的生产资源。经济的全球化可以改变劳动的国际分工状况。美国的劳工部前部长罗伯特·瑞奇认为，全球化时代劳动分为三种："符号分析者"、常规产业工人和普通服务工人。他认为，不论对国家经济来说，还是对劳动的国际分工来说，权力都是建立在运用"符号分析"功能的基础上，而这种功能对现今资本主义来说至关重要。那些运用自己头脑进行工作的人即"符号分析者"构成本国和全球经济的支配阶级或阶层，而那些运用自己的体力从事劳动的人就成为社会的下层阶级。目前的趋势是，发达国家在"马太效应"的激励下越来越重视教育投资，从而日渐成为新的全球分工的优势占据者。如日本政府强调，一个国家拥有设计和销售产品的知识工作者，就能轻易地实现产品的低成本和高质量，把发达国家花在创造蓝领工作岗位的钱用于推进该国的教育，从而确保年轻人学到足够的知识，以胜任知识工作或至少胜任高级服务工作，将会创造更多的经济价值。

显然，发达国家意欲在世界范围内推行一种固定的分工，发达国家（主要是大资产阶级）是世界的管理者和支配者，而发展中国家特别是边缘化国家的劳动阶级将成为最底层的被支配者和被剥削者。而这“脑国”与“躯国”的相对划分都依赖于脑力劳动和体力劳动之间的国际分工。因此，如果发展中国家不清醒地认识到这一点，并采取积极有效的战略和策略，那么，在未来的全球化世界，就很有可能强化这样的结果：发达国家占据全球资产阶级的主导，而发展中国家成为全球劳动阶级的中下层。所以，我们必须结合《资本论》关于资本主义经济运行机制的视角，结合全球化的必然趋势，正确认识资本主义经济运行机制带来的益处和众多问题，思考在此基础上的全球社会化大分工格局下的经济关系问题，寻找真正有利于本国和世界的分工模式，从而促进人类利益共同体和命运共同体的发展。

（五）经济危机的根源

《资本论》的一个重大的学术贡献就是将资本主义市场经济必然引发经济危机的根源进行了深刻的阐释。不过，《资本论》关于经济危机的阐述是分散的，我们把这些阐述集中起来，并联系马克思恩格斯的其他论著，便可以得到一个完整的理论。

资本主义市场经济存在生产社会化同生产资料资本主义私人占有之间的矛盾，这一矛盾渗透在其经济的方方面面，主要表现为个别企业生产的有组织性和整个社会生产的无政府状态的矛盾，生产无限扩大的趋势和劳动人民有支付能力的需求相对缩小的矛盾。这些内在对抗性矛盾的外在表现就是经济危机。从 1825 年英国爆发第一次经济危机开始，经济危机大约每十年一次，接连在资本主义国家爆发，已经成为资本主义挥之不去的最大症候。

首先，资本主义生产无限扩大的趋势和劳动人民有支付能力的需求相对缩小之间的矛盾会不断激化。在资本主义制度下，资本家为了获得更多的利润和在激烈的市场竞争中取胜，要求不断地扩大生产规模。这样，资本家需要进行技术创新。科技进步及其在工艺过程中的迅速应用，又为资本主义生产的无限扩大提供了物质技术基础。这就使资本主义的生产存在无限扩大的趋势。但商品生产的不断扩大，要求有相应的社会购买力。而正如我们在“劳动成果的去向”中论述的，随着资本主义生产方式下科技的不断进步，资本的有机构成必将不断提高，也就是说越来越少的工人将会控制越来越多的机器进行生产，这就使得“总资本的可变组成部分的相对减少随着总资本的增长而加快，而且比总资本本身的增长还要快这一事实，在另一方面却相反地表现为，好像工人人口的绝对增长总是比可变资本即工人人口的就业手段增长得快”①，从而使得工人人口相对过剩，成为产业后备军。资本主义生产技术的发展，从而资本的构成是工人相对人口的过剩的根源，因此产业后备军的规模不受自然人口增长的控制，能够“为不断变化的资本增殖需要创造出随时可供剥削的人身材料”②。这就使得资本所有者在劳资市场中具有绝对的议价权，劳动者只能靠出卖自己的劳动力来维持生活，而

① 《马克思恩格斯文集》第5卷，人民出版社2009年版，第726页。

② 《马克思恩格斯文集》第5卷，人民出版社2009年版，第729页。

劳动者获得的工资则被压缩到了只包含“使劳动者个人能够在正常生活状况下维持自己”①的生活资料以及“工人的补充者即工人子女的生活资料”②的地步。劳动者只能获得劳动力的报酬——工资，而不能参与社会剩余产品的分配，社会剩余产品全部被资本的所有者占有了，因此，劳动者的消费能力与整个社会的扩大生产之间差距越来越大，使劳动者有支付能力的需求同资本主义的生产扩大相比呈现出相对缩小的趋势，这就不可避免地导致生产和消费之间出现严重的脱节和对立。要注意的是资本主义经济危机中的最基本现象是生产过剩，但资本主义的生产过剩，不是绝对的，并不是说生产的社会财富已经超过了社会的实际需要，而是生产的社会产品超过了劳动群众的支付能力。所以，资本主义的经济危机的实质是生产相对过剩。而资本主义的相对生产过剩的危机实际上不仅仅发生在马克思所在的年代，回顾当今时代，2008 年美国爆发的次贷危机，便是美国金融资本家和住房开发商共同推行“零首付”和“次级贷款”等措施来消化不断生产的商品房，而收入较低和消费力不强的居民还贷断供的结果。

其次，资本主义生产制度下，企业内部的有组织性和整个社会经济无组织状态的矛盾会不断激化。在资本主义制度下，资本家进行生产的目的仅仅是为了获取更多的利润，而要在激烈的竞争中生存下来和打败竞争对手，就要不断地加强和改进企业的经营管理，

---

① 《马克思恩格斯文集》第 5 卷，人民出版社 2009 年版，第 199 页。

② 《马克思恩格斯文集》第 5 卷，人民出版社 2009 年版，第 200 页。

以提高企业的生产效率。因此，随着资本主义科学技术的进步及其在管理上的应用，资本主义企业在内部表现出较高的计划性和组织性。但是，这些资本的所有者并不是按社会的需要来组织生产，而是根据自己的私利来组织生产。由于生产资料是私人所有，因而资本家只关心自己所属企业的生产、技术、组织效率和企业产品的市场占有率，以及利润的最大化。这样整个社会就不可能形成统一的计划和管理，从而处于无序或半无政府状态中，这就形成了资本主义社会中单个企业生产的有组织性和整个社会生产无组织状态的矛盾：单个企业内部能够有效地对企业拥有的资源进行配置，实现生产效率；而在整个社会层面上，各个企业盲目地追逐利润，则经常会导致产业内部生产过剩甚至是整个产业结构的失衡。而这种过剩或者失衡，在历史上是资本主义生产方式完全确立后才爆发的，但其可能性早在简单商品经济的条件下已经存在。在简单商品生产条件下，当货币出现并执行流通手段职能时，商品的交换不再是物物直接交换，而是出现以货币为媒介的商品流通，这就使商品交换分为买和卖这两个在时间和空间上独立的过程，这时有可能出现有的人卖而不买的现象，从而产生买卖脱节、商品卖不出去的可能性。所以货币作为流通手段的职能，已经孕育着经济危机在形式上的第一种可能性。而当货币执行支付手段职能时，商品买卖活动采用赊销赊购的方式，于是形成了一系列的复杂的债务连锁关系。在这种信用链关系中，一旦有一个债务人到期不能偿还债务，就会引起连锁反应，使一系列的支付关系遭到破坏。一些债务人为了取得货币偿还债务而急于销售商品，形成了大量的商品难以卖出去的局面。所以，货币作为支付手段的职能，就产生了经济危机在形式上的第二种可能性。在简单商品经济条件下，这种经济危机的可能性，之所以未能转换为社会范围内经济危机的现实性，就在于资本主义生产方式确立以前，整个社会经济生活中占统治地位的是自给自足的自然经济，商品经济所占的比重很小。那时，即使发生商品买卖的脱节或者信用关系链条的破坏，也只涉及某些小商品生产者，影响的范围很小，不会引起整个社会经济生活秩序的混乱和经济危机的爆发。而在资本主义生产方式建立以后这种可能性就势必转化为现实性，因此，正是在资本主义生产方式下，企业内部的有组织性和整个社会经济无组织状态的矛盾才不断被激化，具备了酿成大规模危机的可能性。

因此，我们可以看到，在资本主义生产方式下，生产资料私人所有和生产社会化的根本矛盾决定了，资本主义生产无限扩大的趋势和劳动人民有支付能力的需求相对缩小之间的矛盾会不断激化，企业内部的有组织性和整个社会经济无组织状态的矛盾会不断激化，从而这种生产制度本身就蕴含着危机爆发的必然性。马克思提出，资本主义经济会不断地出现周期性的波动，并指出，在资本主义社会，经济周期包括危机、萧条、复苏和高涨四个阶段：①危机阶段。危机既是上个周期的终点，又是下一个周期的起点。危机往往是在资本主义经济最繁荣的时期爆发的。在危机阶段，整个经济处于衰退、瘫痪和混乱状态之中。危机发生以后，资本家为了阻止价格继续下跌，不惜采取破坏生产力的手段，毁坏一部分商品和机器设备，人为地把供过于求的情况改变过来，从而使危机阶段过渡到萧条阶段。②萧条阶段。社会生产不再继续下降，企业倒闭的现象暂时停止，失业人数不再增加，商品价格停止下跌。但是，社会购买力仍然很低，商品销售仍有困难，大量工人依然失业，社会生产处于停滞状态。这个阶段，由于社会消费没有停止，资本家以低廉的价格把商品慢慢地销售出去，因此，存货逐渐减少，生产恢复的因素在逐步增加，促使萧条阶段逐步转入复苏阶段。③复苏阶段。随着存货的减少，需求价格逐步回升，利润逐步增加，在危机中没有破产的资本家，为了在激烈的竞争中取胜，他们一方面加紧对工人的剥削，另一方面设法改进技术，进行固定资本的更新。由于商品需要新的机器设备，从而推动了生产资料部门的恢复和发展，并引起了对劳动力的需要的增加。这样一来就推动了整个社会生产恢复过来。当整个社会生产恢复过来或超过危机前的最高点，复苏阶段就过渡到了高涨阶段。④高涨阶段。生产不断扩大，市场商品畅销，企业利润激增，信用投机活跃，整个资本主义经济又呈现一片繁荣昌盛景象。但是，在一派繁荣的背后，整个资本主义经济新的危机因素又逐渐积累起来。诚然，第二次世界大战以来，西方经济危机的阶段性有所变化，有时并非表现为明显的四个阶段及其周期，但以危机为轴心的周期性经济波动始终存在。

这些研究是我们之前的《资本论》研究和政治经济学研究中所

取得的重要理论成果。现在通过重读《资本论》，我们发现马克思在书中阐释了很多与金融运行相关的经济危机。这一部分在当前有非常大的现实意义，很值得我们重视。为了更好地让读者了解这一部分内容，我们较为完整地描述《资本论》第三卷中所阐释的经济危机："1842 年底，从 1837 年以来几乎不间断地压在英国工业身上的压力开始减弱。在其后的两年中，外国对英国工业品的需求增加得更多；1845—1846 年是高度繁荣的时期。1843 年，鸦片战争为英国商业打开了中国的门户。新的市场，给予当时已经存在的蓬勃扩展，特别是棉纺织业的扩展以新的借口。'我们怎么会有生产过多的时候呢？我们要为 3 亿人提供衣服。'——当时曼彻斯特一位工厂主就是这样对笔者说的。但是，一切新建的厂房、蒸汽机、纺织机，都不足以吸收从兰开夏郡大量涌来的剩余价值。人们怀着扩充生产时具有的那种热情，投身于铁路的建筑；在这里，工厂主和商人的投机欲望第一次得到满足，并且从 1844 年夏季以来已经如此。人们尽可能多地认股，这就是说，只要有钱足够应付第一次缴款，就把股份认购下来；至于以后各期股款的缴付，总会有法可想！当以后付款的期限来到时……人们不得不求助于信用，商行本来的营业多半也只好为此而失血。并且，这种本来的营业在大多数场合也已经负担过重。诱人的高额利润，使人们远远超出拥有的流动资金所许可的范围来进行过度的扩充活动。不过，信用可加以利用，它容易得到，而且便宜。……英格兰银行地库中的金储备达到了空前的规模。国内一切证券交易的行情比以往任何时候都高。因此，为什么要放过这个大好的机会呢？为什么不大干一番呢？为什么不把我们所能制造的一切商品运往迫切需要英国工业品的外国市场上去呢？为什么工厂主自己不应该从在远东出售纱和布当中，并从在英国出售换回的货物当中获取双重的利益呢？于是就产生了为换取贷款而对印度和中国实行大量委托销售的制度。这种制度，像我们在以下的说明中将详细描述的那样，很快就发展成为一种专门为获得贷款而实行委托销售的制度。结果就必然造成市场商品大量过剩和崩溃”①。最终，这种虚假的繁荣被1846年英格兰农作物的歉收而刺破，牵连到所有在股市进行投机的人，从而引发了各个行业的崩溃。

有鉴于虚拟经济与实体经济结构失衡成为当代资本主义社会经济危机的新特点。对《资本论》这一危机案例进行阐释，对当代就颇有价值。虚拟资本，包括股票、债券等，是以生产经营中的现实资本为基础的，是这些现实资本未来收益的所有权证书。但是，当这些所有权证书进入金融市场后，他们就成为可以自由买卖的金融商品。当现实的生产经营出现机遇，比如说新市场的开辟，或者某个新的生产技术的出现时，金融市场会对这一企业产生良好的未来预期，认为该企业会在未来获取丰厚的收益，于是该企业的所有权证书会在金融市场产生极大需求，价格上涨。随着价格上涨，赌博欺诈性、非理性上涨性，不断将更多资金投入到这一领域，将股票

① 《马克思恩格斯文集》第7卷，人民出版社2009年版，第458—459页。

和债券的价格持续推高。在这种情况下，股票和债券的价格就极容易大大脱离其对应的现实资本的实际经营情况。一旦人们发现企业的股票和债券已经和它的实际的生产情况远远脱离了，就开始抛售该企业的股票、债券，甚至形成生产恐慌、踩踏。金融市场的崩溃，首先会造成金融危机，进一步传导，则会形成普遍的经济危机。

虽然金融的深度加入使得经济危机有了新的表现，但是其仍然没有超脱出生产的社会化同生产资料资本主义私人占有之间这一矛盾。金融由于存在“赌博欺诈性”、脱实向虚性，被私人占有，与生产社会化之间的矛盾更为尖锐。正如《资本论》第三卷中阐释的：“信用制度……一方面，把资本主义生产的动力——用剥削他人劳动的办法来发财致富——发展成为最纯粹最巨大的赌博欺诈制度，并且使剥削社会财富的少数人的人数越来越减少。”[①] 这说明，资本主义信用制度，使得贫富差距进一步拉大，从而进一步加大资本主义供需矛盾，进而更为容易引发金融危机和经济危机。

（六）资本主义的历史命运

马克思在写作《资本论》之前，早在《关于费尔巴哈的提纲》中就提出了“新世界观”，并在《政治经济学批判。第一分册》中

① 《马克思恩格斯文集》第7卷，人民出版社2009年版，第500页。

对这一世界观做了系统的阐释，“人们在自己生活的社会生产中发生一定的、必然的、不以他们的意志为转移的关系，即同他们的物质生产力的一定发展阶段相适合的生产关系。这些生产关系的总和构成社会的经济结构，即有法律的和政治的上层建筑竖立其上并有一定的社会意识形式与之相适应的现实基础。物质生活的生产方式制约着整个社会生活、政治生活和精神生活的过程。不是人们的意识决定人们的存在，相反，是人们的社会存在决定人们的意识。社会的物质生产力发展到一定阶段，便同它们一直在其中运动的现存生产关系或财产关系（这只是生产关系的法律用语）发生矛盾。于是这些关系便由生产力的发展形式变成生产力的桎梏。那时社会革命的时代就到来了”①。这一段表述中蕴含着丰富的思想，而马克思集中强调的一点是，必须从实践，尤其是物质生产实践的角度来研究社会历史的运动规律。马克思通过对资本主义物质生产的科学分析，发现资本主义与之前的所有社会形态相比，具有一定的优越性，但是，其本身有着不可克服的内在矛盾，因而也只能是人类历史的一个阶段，其最终命运必然是走向灭亡。

我们知道，马克思处于第一次工业革命时期，当时资本主义正值上升期，因而从他的这一论断中，我们至少可以得出两点启示：第一，马克思在资本主义上升期科学分析出资本主义必将灭亡的结论，充分说明了基于实践观点的辩证唯物主义和历史唯物主义的世

① 《马克思恩格斯全集》第 31 卷，人民出版社 1998 年版，第 412—413 页。

界观和方法论的科学性，也说明马克思关于资本主义的一些基本观点具有超出资本主义具体阶段的有效性，即使在资本主义已经发生了巨大变化的今天，这些观点仍然是具有强大解释力的。第二，由于当前的资本主义和马克思所处的工业时期相比，已经发生了许多变化，所以，我们需要运用马克思在《资本论》中的基本方法和观点，结合新的历史中介做具体分析。

我们知道，马克思在制订政治经济学著作的写作计划过程中，几经修改，最终决定首先写作《资本论》，足见马克思对于“资本”范畴的重视。《资本论》中自始至终贯穿着资本的逻辑，马克思从资本主义的经济细胞——商品开始研究资本主义生产关系。“商品流通是资本的起点”①，货币是资本的“最初表现形式”②。然而，“有了商品流通和货币流通，决不是就具备了资本存在的历史条件。只有当生产资料和生活资料的占有者在市场上找到出卖自己劳动力的自由工人的时候，资本才产生”③。也就是说，当资本家购买到劳动力商品的时候，货币才能转化为资本，资本才能产生。于是，资本和劳动的关系，准确地说是资本主义的雇佣劳动关系，成为资本主义社会体系中的核心关系——资本主义的生产关系。“资本只有一种生活本能，这就是增殖自身，创造剩余价值。”④当资本进入生产

① 《马克思恩格斯文集》第 5 卷，人民出版社 2009 年版，第 171 页。
② 《马克思恩格斯文集》第 5 卷，人民出版社 2009 年版，第 2 页。
③ 《马克思恩格斯文集》第 5 卷，人民出版社 2009 年版，第 198 页。
④ 《马克思恩格斯文集》第 5 卷，人民出版社 2009 年版，第 269 页。

过程以后，资本表现为物，这些物作为资本增殖的手段进入资本家的生产消费，在生产消费的过程中，资本由于消费劳动力而使自身增殖，从而获得剩余价值。所以，资本表面上是物，其实质是一种生产关系，是以资本主义私有制为基础的生产关系，是资本家对劳动力创造的剩余价值的无偿占有关系，是资产阶级对无产阶级的剥削关系。资本主义生产从一开始就生产着这种对抗的生产关系和阶级关系。资本追求剩余价值的运动是无休止的。作为资本人格化代表的资本家，要不断把剩余价值转化为资本，通过资本积累和扩大再生产实现资本不断增殖的能力。资本积累“在一极是财富的积累，同时在另一极，即在把自己的产品作为资本来生产的阶级方面，是贫困、劳动折磨、受奴役、无知、粗野和道德堕落的积累”[①]，“社会的财富即执行职能的资本越大，它的增长的规模和能力越大，从而无产阶级的绝对数量和他们的劳动生产力越大，产业后备军也就越大”[②]。由此可见，资本积累的一般规律充分体现了资本主义生产方式的对抗性质，资本主义的再生产同样是再生产出资本主义的对抗性的生产关系和阶级关系。因此，只有把资本看作一定的社会生产关系的表现，才能谈资本的生产性。但是，如果这样来看资本，那么，这种关系的历史暂时性就会立刻显露出来。对这种关系的一般认识是与它的继续不断的存在不相容的，这种关系本身为自己的灭亡创造了手段。

---

① 《马克思恩格斯文集》第 5 卷，人民出版社 2009 年版，第 743—744 页。

② 《马克思恩格斯文集》第 5 卷，人民出版社 2009 年版，第 742 页。

可见，资本的最大特征就是其不断积累的特性，而财富的不断积累集中，以及贫困和社会矛盾的积累集中，都是资本积累的结果。从历史的顺序来看，资本主义首先进行的是资本的原始积累。在内容安排上，经典作家从分析原始积累的实质开始，明确指出所谓原始积累不过是小生产者和生产资料分离的历史过程，该过程形成了资本和与之相适应的生产方式的前史，而对农民土地的剥夺是形成资本原始积累全部过程的基础。也就是说，资本主义原始积累的一个中心问题，就是小生产者的“个人所有制”被消灭的问题。

即使在今天，借助马克思的资本原始积累的理论视角，我们依然可以对很多历史和现实作出令人信服的解释。在《资本论》的资本积累理论视域下，我们可以清楚地看到：第一，西方发达国家比现在的中国富裕这一局面是历史上形成的。旧中国的贫困正是帝国主义侵略和封建主义、官僚资本主义剥削与统治的结果。第二，西方各国原始积累过程十分残酷，不少发达国家都是对外发起侵略战争，通过新老殖民主义和霸权主义，大肆掠夺别国财富和世界资源。第三，资本主义国家主要保证的是少数人发财，而社会财富和收入的贫富差距较大，相对贫困始终存在。就美国而言，它是19世纪末以来世界上最大的“暴发户”，其历史机遇、可利用因素及致富途径来说，是任何一个国家都无可比拟的，如较少的人口拥有特别丰富的资源；在两次世界大战和不少局部战争中发了横财；靠发行美元等经济手段使用世界资源和获取别国财富；利用经济和科技上的“马太效应”和移民政策，千方百计地把别国的科技精英集中于美国。

当历史条件已经不再允许资本主义国家进行赤裸裸的殖民主义抢夺之后，资本积累的方式也随之发生了巨大变化。在社会再生产过程中榨取劳动者创造的剩余价值成为资本主义进行资本积累的主要方式。在这种通过榨取绝对剩余价值和相对剩余价值进行资本积累的过程中，我们首先来分析资本和劳动的关系。在资本主义私有制条件下，劳动一开始就和劳动条件相异化；从生产的结果来看，劳动者与自己的劳动产品相异化；随着劳动对资本从形式上的隶属转变为实际的隶属，工人越来越成为局部工人，“使劳动过程的智力与工人相异化”[①]。“使劳动力本身未老先衰和过早死亡。”[②]马克思在《资本论》中反复强调，资本主义社会的雇佣劳动作为劳动的“极端的异化形式”必然会过渡到自己的反面自主性“联合活动”。在资本主义社会，资产阶级凭借对生产资料的所有权，靠牺牲工人的休息、娱乐、学习和发展的时间，而使自己成为不劳动的阶级。“由于资本积累而提高的劳动价格，实际上不过表明，雇佣工人为自己铸造的金锁链已经够长够重，容许把它略微放松一点”[③]，“使他们能够扩大自己的享受范围，有较多的衣服、家具等消费基金，并且积蓄一小笔货币准备金。但是，吃穿好一

---

① 《马克思恩格斯文集》第5卷，人民出版社2009年版，第743页。

② 《马克思恩格斯文集》第5卷，人民出版社2009年版，第307页。

③ 《马克思恩格斯文集》第5卷，人民出版社2009年版，第714页。

些，待遇高一些”，同样“不会消除奴隶的从属关系和对他们的剥削”①。但是，资本主义榨取剩余劳动的方式随着生产力的发展而变化。在劳动生产率没有提高的情况下，以榨取绝对剩余价值为主要方式。而以绝对延长工作日从而延长剩余劳动时间的剥削方式，会遭到工人的反对。于是，通过社会劳动生产率的提高获得相对剩余价值成为剥削的主要途径。随着社会劳动生产率的提高，工作日不断缩短，工人用于自由发展的时间增多，工作日之外的自我发展不再是资产阶级的专利，劳动者可以利用工作日之外的时间发展多种技能从而逐步摆脱“局部工人”对资本的依附关系。从近现代私人资本榨取剩余劳动的方式来看，它不顾劳动力的生理界限和社会道德底线，无疑是残酷的、野蛮的、不人道的。资本主义的内在矛盾蕴藏着其必然的走向。随着剩余劳动不断转化为资本，剩余劳动的积累就越成为资本家手中的权力。资本家则以资本来量化权力，以公司或国家的形式，共同支配整个社会、控制社会生产。随着资本权力的增长，社会生产条件与实际生产者之间的分离越是在增长，资本越是表现为异化的、独立化了的社会权力，来控制整个社会生产秩序，统治整个社会。这种权力作为物，作为资本家通过这种物取得的权力，与社会相对立。资本主义积累的对抗性质，使资本主义生产从一开始对资本主义生产关系的巩固，发展成为创造和积累它自身矛盾的手段。“由资本

① 《马克思恩格斯文集》第 5 卷，人民出版社 2009 年版，第 714 页。

形成的一般的社会权力和资本家个人对这些社会生产条件拥有的私人权力之间的矛盾，越来越尖锐地发展起来，并且包含着这种关系的解体。”①当资本主义社会的生产力与生产关系变得不相适应时，其离自己的解体也就越来越近。马克思将资本积累作为资本主义生产方式的动因和结果，批判了资本主义条件下“两极分化”的历史性质。他科学地指出：“资产阶级借以在其中活动的那些生产关系的性质决不是单一的、单纯的，而是两重的；在产生财富的那些关系中也产生贫困；在发展生产力的那些关系中也发展一种产生压迫的力量”②。这样的制度因财富积累和贫困积累的同时出现，最终会导致整个社会再生产过程陷入崩溃。

其次，我们来分析社会生产方式的变化。机器大工业这种社会化生产力的发展，要求生产必须以工厂（企业）的方式进行。资本主义企业最初主要采取个人出资的私人资本主义企业形式，19世纪中叶第一次科技革命的完成，大大提高了生产的社会化程度，生产社会化同资本主义私人占有之间的矛盾也进一步深化了。于是，在工厂制度的基础上，新的生产组织形式合作工厂和股份制企业产生了。“资本主义的股份企业，也和合作工厂一样，应当被看做是由资本主义生产方式转化为联合的生产方式的过渡形式，只不过在前者那里，对立是消极地扬弃的，而在后者那里，对立是积极地扬

① 《马克思恩格斯文集》第7卷，人民出版社2009年版，第294页。

② 《马克思恩格斯文集》第5卷，人民出版社2009年版，第744页。

弃的。”[①]股份制的出现，带来了企业组织形式和资本组织形式的新变化，股份制使单个资本不可能建立的企业出现了，生产规模惊人地扩大了，单个私有者的企业转变成社会的企业，私人资本取得了社会资本（即社会集资）的形式并与私人资本相对立，使资本增殖的职能同资本所有权相分离，劳动也已经完全同生产资料的所有权和剩余劳动的所有权相分离，在更大规模上适应了社会化大生产的需要。在资本主义条件下，股份制企业并没有改变资本主义基本经济制度的基础，它是在资本主义生产方式本身范围内对资本主义私人产业的消极扬弃。然而，股份制客观上为共产主义生产方式准备着条件。“资本主义生产极度发展的这个结果，是资本再转化为生产者的财产所必需的过渡点，不过这种财产不再是各个互相分离的生产者的私有财产，而是联合起来的生产者的财产，即直接的社会财产。另一方面，这是再生产过程中所有那些直到今天还和资本所有权结合在一起的职能转化为联合起来的生产者的单纯职能，转化为社会职能的过渡点。”[②]“没有从资本主义生产方式中产生的信用制度，合作工厂也不可能发展起来。信用制度是资本主义的私人企业逐渐转化为资本主义的股份公司的主要基础，同样，它又是按或大或小的国家规模逐渐扩大合作企业的手段。”[③]资本的社会性质，只是在信用制度和银行制度有了充分发展时才会表现出来并完全实

① 《马克思恩格斯文集》第7卷，人民出版社2009年版，第499页。

② 《马克思恩格斯文集》第7卷，人民出版社2009年版，第495页。

③ 《马克思恩格斯文集》第7卷，人民出版社2009年版，第499页。

现。首先，“信用制度和银行制度把社会上一切可用的、甚至可能的、尚未积极发挥作用的资本交给产业资本家和商业资本家支配，以致这个资本的贷放者和使用者，都不是这个资本的所有者或生产者。”[①] 其次，银行制度（信用制度）缩短了从商品资本转化为货币资本的过程，加速了消费，调节了生产资本的分配，促进了生产力的发展。最后，“在由资本主义的生产方式向联合起来劳动的生产方式过渡时，信用制度会作为有力的杠杆发生作用”。[②] 信用加速了资本的集中和资本的联合，不仅为资本主义生产方式创造了崭新的生产条件和交换条件，而且为社会主义生产准备了合作工厂和股份公司这种社会化生产的组织形式。“银行制度同时也提供了社会范围的公共簿记和生产资料的公共分配的形式”。[③] 合作工厂、股份公司以及银行制度所造成的公共分配的形式，尽管它们只是形式而已（实质上是私人的），但它在一定程度上“会被赋予社会主义的意义”[④]。在马克思看来，商品货币关系和生产资料私有制是信用制度的基础。“只要生产资料不再转化为资本……信用本身就不会再有什么意义。”[⑤] 也就是说，在共产主义社会信用制度会消亡。在社会主义初级阶段，社会主义市场经济作为发达的商品经济形式，虽然建立在公有制的主体地位基础上，但是私有制经济在一定范围

① 《马克思恩格斯文集》第 7 卷，人民出版社 2009 年版，第 686 页。
② 《马克思恩格斯文集》第 7 卷，人民出版社 2009 年版，第 686 页。
③ 《马克思恩格斯文集》第 7 卷，人民出版社 2009 年版，第 686 页。
④ 《马克思恩格斯文集》第 7 卷，人民出版社 2009 年版，第 687 页。
⑤ 《马克思恩格斯文集》第 7 卷，人民出版社 2009 年版，第 687 页。

内还存在，商品货币关系还存在，因而，信用还大有作为。但是，必须注意到信用是把“双刃剑”，它“一方面，把资本主义生产的动力——用剥削他人劳动的办法来发财致富——发展成为最纯粹最巨大的赌博欺诈制度，并且使剥削社会财富的少数人的人数越来越减少；另一方面，造成转到一种新生产方式的过渡形式”①。

再次，我们来分析资本的集聚。资本主义内在竞争规律使生产越来越集中在少数资本家手中，这种生产集中和资本集中引起的垄断，最初是少数资本家对多数资本家的剥夺，进而将为整个社会剥夺资本家做好了准备。马克思在18世纪60年代就看到了这种曙光，“在英国，在这个构成整个化学工业的基础的部门，竞争已经为垄断所代替，并且已经最令人鼓舞地为将来由整个社会即全民族来实行剥夺做好了准备”②。“规模不断扩大的劳动过程的协作形式日益发展，科学日益被自觉地应用于技术方面，土地日益被有计划地利用，劳动资料日益转化为只能共同使用的劳动资料，一切生产资料因作为结合的、社会的劳动的生产资料使用而日益节省，各国人民日益被卷入世界市场网，从而资本主义制度日益具有国际的性质。随着那些掠夺和垄断这一转化过程的全部利益的资本巨头不断减少，贫困、压迫、奴役、退化和剥削的程度不断加深，而日益壮大的、由资本主义生产过程本身的机制所训练、联合和组织起来的工人阶级的反抗也不断增长。资本的垄断成了与这种垄断一起并在这

---

① 《马克思恩格斯文集》第7卷，人民出版社2009年版，第500页。

② 《马克思恩格斯文集》第7卷，人民出版社2009年版，第497页。

种垄断之下繁盛起来的生产方式的桎梏。生产资料的集中和劳动的社会化，达到了同它们的资本主义外壳不能相容的地步。这个外壳就要炸毁了。资本主义私有制的丧钟就要响了。剥夺者就要被剥夺了。”①“资本主义生产由于自然过程的必然性，造成了对自身的否定。这是否定的否定。这种否定不是重新建立私有制，而是在资本主义时代的成就的基础上，也就是说，在协作和对土地及靠劳动本身生产的生产资料的共同占有的基础上，重新建立个人所有制。”②事实正是如此，在整个19世纪，20年代自由竞争的英国首次爆发经济危机、50年代主要资本主义国家首次爆发世界性经济危机，一直到90年代末基本形成垄断资本主义，资本主义基本矛盾日益激化，导致苏联和欧亚等社会主义国家的建立。在这些国家，可以说资本主义的外壳已被炸毁、私有制丧钟已经敲响、剥夺者已被剥夺。

最后，我们来分析资本在全球范围的扩张。在当前全球化的阶段，资本积累表现了很多新的特征。马克思在《资本论》第一卷研究阐释了资本积累理论，这是我们分析资本主义历史命运的一个基本理论武器。在资本积累理论视域下，资本是人类历史发展阶段的产物，是一个历史范畴。资本是生产要素，是能够带来剩余价值的价值。资本的本质不是物，而是一定的社会经济关系，但是又必须通过物来体现，这就产生双重逻辑：一种是借助物的力

① 《马克思恩格斯文集》第5卷，人民出版社2009年版，第874页。
② 《马克思恩格斯文集》第5卷，人民出版社2009年版，第874页。

量创造物质文明和经济文明的逻辑，一种是追求利润最大化的价值增殖逻辑。不断运动和不断扩张是资本的特征。资本促进了生产力的快速发展，推动了世界市场的形成和发展，推进了经济全球化的历史进程，也制约了世界文明的曲折和演化。从私人资本到私人垄断资本、国家垄断资本，再到国际垄断资本，资本的扩张本性不断推动经济全球化的进程，使生产全球化、贸易全球化、金融全球化和企业经营全球化进程不断加剧，以私人为基础和虚拟资本为特征的当代资本愈加贪婪。这类资本的无限扩张导致资本主义基本矛盾在各国和全球的加剧，生产要素日益在少数人手中积累，各国和国家之间的贫富差距加大，导致全球性问题日益严重，人与人、人与自然关系紧张，人类至今仍未摆脱马克思所关注的和揭示的文明困境。当今资本主义的发展，尤其是第二次世界大战以后，资本主义国家从自由竞争和私人垄断的资本主义过渡到国家和国际垄断资本主义以来，通过一定程度的经济“计划化”和国有化，采取了一系列缓和阶级矛盾的措施。这些措施的实施，一方面表明资本主义生产关系还有能够容纳生产力发展的空间，另一方面表明国家和国际垄断资本主义正在为共产主义准备经济基础。2007 年发生于美国并席卷全球的西方金融和经济危机，再次说明“现在的社会不是坚实的结晶体，而是一个能够变化并且经常处于变化过程中的有机体”[①]。资本主义不是近现代资

① 《马克思恩格斯文集》第 5 卷，人民出版社 2009 年版，第 10—13 页。

产阶级庸俗经济学家竭力维护的那个永恒的美好社会。随着生产力的发展和人的自我发展，“代替那存在着阶级和阶级对立的资产阶级旧社会的，将是这样一个联合体，在那里，每个人的自由发展是一切人的自由发展的条件”①。

---

①《马克思恩格斯文集》第2卷，人民出版社2009年版，第53页。

三

《资本论》的时代价值

（一）《资本论》与当代资本主义

马克思一百多年前在《资本论》中就以英国为典型研究对象，对资本主义市场经济发展方案在现实经济运行中的问题进行了深入分析，指出资本主义市场经济存在着不可克服的内在基本矛盾，并明确指出了资本主义的历史阶段性。一百多年之后，《资本论》依然是我们深刻剖析资本主义世界运行规律与问题所在的法宝。运用《资本论》来分析当代资本主义，至少给我们以下几个启迪。第一，马克思在《资本论》中对资本主义的分析，是彻底贯彻运用基于实践观点的辩证唯物主义和历史唯物主义的世界观和方法论而进行的，这也是我们在新的历史条件下得以对资本主义世界进行科学分析的根本世界观和方法论。第二，马克思站在人类历史和市场经济时代的高度，提出了很多关于社会化大生产的基本原理和观点，这些基本原理和观点在今天仍然是我们原来分析资本主义运行和问题的重大理论武器。第三，马克思针对工业时代的一些命题，在当今时代，由于具体的社会历史条件的变化，已经不能直接运用，我们必须结合新的历史中介，做新的分析。正如习近平总书记在哲学社会科学座谈会指出的，“有人说，马克思主义政治经济学过时了，《资本论》过时了。这个说法是武断的。远的不说，就从国际金融危机看，许多西方国家经济持续低迷、两极分化加剧、社会矛盾加深，说明资本主义固有的生产社会化和生产资料私人占有之间的矛盾依然存在，但表现形式、存在特点有所不同。国际金融危机发生后，不少西方学者也在重新研究马克思主义政治经济学、研究《资本论》，借以反思资本主义的弊端。”①

习近平总书记运用《资本论》的基本方法和原理对当代世界经济作出了许多透彻的评论。他在世界经济论坛 2017 年年会开幕式上的主旨演讲中指出：“‘这是最好的时代，也是最坏的时代’，英国文学家狄更斯曾这样描述工业革命发生后的世界。今天，我们也生活在一个矛盾的世界之中。一方面，物质财富不断积累，科技进步日新月异，人类文明发展到历史最高水平。另一方面，地区冲突频繁发生，恐怖主义、难民潮等全球性挑战此起彼伏，贫困、失业、收入差距拉大，世界面临的不确定性上升。”② 对其背

---

① 习近平：《在哲学社会科学工作座谈会上的讲话》，人民出版社 2016 年版，第 14—15 页。

② 习近平：《习近平主席在出席世界经济论坛 2017 年年会和访问联合国日内瓦总部时的演讲》，人民出版社 2017 年版，第 2 页。

后的原因，习近平总书记举例指出，“国际金融危机也不是经济全球化发展的必然产物，而是金融资本过度逐利、金融监管严重缺失的结果”[①]。此外，他还于2015年11月15日在安塔利亚举行的二十国集团领导人第十次峰会上，发表题为《创新增长路径　共享发展成果》的重要讲话，他指出：“世界经济发展到今天，上一轮科技和产业革命所提供的动能已经接近尾声，传统经济体制和发展模式的潜能趋于消退。同时，发展不平衡问题远未解决，现有经济治理机制和架构的缺陷逐渐显现。这些因素导致世界经济整体动力不足，有效需求不振。其表象是增长乏力、失业率上升、债务高企、贸易和投资低迷、实体经济失速、金融杠杆率居高不下、国际金融和大宗商品市场波动等一系列问题。这就像一个人生了病，看起来是感冒发烧，但根子在身体机理出了问题”[②]。在2015年9月28日于纽约举行的第七十届联合国大会上发表的题为《携手构建合作共赢新伙伴　同心打造人类命运共同体》的讲话中，习近平总书记指出：“2008年爆发的国际经济金融危机告诉我们，放任资本逐利，其结果将是引发新一轮危机。缺乏道德的市场，难以撑起世界繁荣发展的大厦。富者愈富、穷者愈穷的局面不仅难以持续，也有违公平正义。要用好‘看不见的手’和‘看得见的手’，努力形成市场作用和政府作用有机统一、相互促进，打造

① 习近平：《习近平在世界经济论坛2017年年会开幕式上的主旨演讲》，2017年1月18日，人民网。

② 习近平：《创新增长路径　共享发展成果》，2015年11月15日，人民网。

兼顾效率和公平的规范格局”①。

但是，在新自由主义思潮的宣传误导下，一部分人认为，当代资本主义经过长期的调整变革，已经克服了马克思所说的基本矛盾，进入到了发达资本主义阶段，这就意味着资本主义经济效率得以极大的提高，劳资关系得到极大的缓和，生态环境得到很好的保护，他们甚至认为资本主义市场是完善的市场，西方经济学是科学的经济学。对此，我们有必要根据《资本论》的基础理论和观点对当今的资本主义体系进行一个全景式的分析，形成正确的认识。《资本论》的重要理论贡献就是劳动价值论、剩余价值理论和资本积累理论，这三大基本理论是我们用以科学分析资本主义市场经济内在运行机制的有效工具。基于上述理论，我们可以从经济效率、社会财富分配、生态环境和全球经济治理这四个主要层面，对当今资本主义体系展开分析。

其一，关于经济效率。对于资本主义市场经济的效率，马克思在研究剩余价值时就得出了资本主义市场经济必然造成无效率的结论。资本主义市场经济以下几点特征必然造成其效率低下。首先，在资本主义制度下的劳动生产过程中，劳动者始终处于被资本剥削的境地，因此，劳动者和整个社会生产始终处在对立关系中。“雇佣工人的协作只是资本同时使用他们的结果。他们的职能上的联系和他们作为生产总体所形成的统一，存在于他们之外，

① 《习近平谈治国理政》第二卷，外文出版社 2017 年版，第 524 页。

存在于把他们集合和联结在一起的资本中。因此，他们的劳动的联系，在观念上作为资本家的计划，在实践中作为资本家的权威，作为他人意志——他们的活动必须服从这个意志的目的——的权力，而和他们相对立。”①也就是说，在资本主义制度下，劳动者是在资本家的监督管理下被迫进行劳动的。这就决定了，一方面，社会要付出很大的监督和管理成本。另一方面，无论资本家的监督多么严格，管理多么完善，都无法使劳动者自发主动进行劳动。因此，整个资本主义体系下的经济生产必须要借助强制性的制度的外壳才能存续，同时要伴随巨大的成本和效率损失。其次，资本主义生产过程的本质是追求私人利润，这就决定了资本主义对于机器和改良的采用都是有限度的。“如果只把机器看做使产品便宜的手段，那么使用机器的界限就在于：生产机器所费的劳动要少于使用机器所代替的劳动。可是对资本说来，这个界限表现得更为狭窄。因为资本支付的不是所使用的劳动，而是所使用的劳动力的价值，所以，对资本说来，只有在机器的价值和它所代替的劳动力的价值之间存在差额的情况下，机器才会被使用。因为工作日中必要劳动和剩余劳动的比例，在不同的国家是不同的，而且在同一国家不同的时期，或者在同一时期不同的生产部门，也是不同的；其次，因为工人的实际工资有时降到他的劳动力价值以下，有时升到他的劳动力价值以上，所以，机器的价格和它所

① 《马克思恩格斯文集》第5卷，人民出版社2009年版，第385页。

要代替的劳动力的价格之间的差额，可以有很大的变动，即使生产机器所必需的劳动量和机器所代替的劳动总量之间的差额保持不变。但是，对资本家本身来说，只有前一种差额才决定商品的生产费用，并通过竞争的强制规律对他发生影响。因此，现在英国发明的机器只能在北美使用，正像 16 世纪和 17 世纪德国发明的机器只能在荷兰使用，18 世纪法国的某些发明只能在英国使用一样。在一些较老的发达国家，机器本身在某些产业部门的使用，会造成其他部门的劳动过剩……以致其他部门的工资降到劳动力价值以下，从而阻碍机器的应用，并且使机器的应用在资本看来是多余的，甚至往往是不可能的，因为资本的利润本来不是靠减少所使用的劳动得来的，而是靠减少有酬劳动得来的。”[①] 也就是说，资本对于新的劳动生产技术的态度取决于后者能否给其带来利润。在资本主义制度下，资本大量集聚在资本家手中，将资本投入在那些技术的研发当中，在生产过程中采用哪些技术，甚至推广哪些技术、封锁哪些技术，都是以资本家的个人收益为标准的。可想而知，能够对社会劳动生产率提高起到长远推动利益的技术，只要不能在短期内给资本家带来私人利益，就无法被研发利用，甚至会被阻挠，这必然造成整个社会经济效率的低下。正是在这个意义上，“资本主义生产方式按其本质来说，只要超过一定的限度就拒绝任何合理的改良”[②]。最后，根据马克思的劳动价值

---

① 《马克思恩格斯文集》第 5 卷，人民出版社 2009 年版，第 451—452 页。

② 《马克思恩格斯文集》第 5 卷，人民出版社 2009 年版，第 554 页。

论进行分析，不难发现，资本主义自由市场下的虚拟经济会过度膨胀，不能增加社会的真实财富量。劳动价值论揭示出如下的基本原理，即活劳动创造价值。然而，脱离实体经济的股市市值的涨跌，只是脱离社会真实财富变动的虚拟经济内部的变化，并没有提供生产性的活劳动，从而并没有增益社会真实财富。实际上，虚拟资本相对于职能资本的过度膨胀，会与创造真实财富的经济领域争夺资源，加大整个市场的系统性风险，降低整个社会的经济效率。而在资本主义自由市场下，资本追逐私人利润的本性，必然造成社会资本不断向金融部门集中，虚拟经济日益脱离实体经济而过度膨胀，从而阻碍社会的真实经济增长。

尽管近年来的经济发展出现一些新的现象，例如，经济的知识化和全球化，同时西方经济学也试图通过构建一系列的经济学模型来证明资本主义自由市场有效率，但是这些既难以掩饰资本主义整体绩效不高的事实，也不可能根本扭转这一态势。在资本主义制度下，随着垄断资本逻辑的深化，资本主义经济运行的整体绩效必然要走下坡路，试图通过贸易战等缓解美国垄断资本主义的痼疾，显然也不可能奏效。

其二，关于社会财富分配。正如在马克思写作《资本论》的时代，社会贫富分化严重。当今的资本主义国家试图采取各种手段来缓和这一矛盾，但是劳资关系问题也难以得到根本缓解。在资本主义制度下，剥削劳动者、追求剩余价值是资本的内在驱动力，“他把自己的劳动力卖给资本家时所缔结的契约，可以说像白纸黑字一样表明了他可以自由支配自己。在成交以后却发现：他不是‘自由的当事人’，他自由出卖自己劳动力的时间，是他被迫出卖劳动力的时间；实际上，他‘只要还有一块肉、一根筋、一滴血可供榨取’，吸血鬼就决不罢休”①。而且就资本积累的客观规律来看，“被神秘化为一种自然规律的资本主义积累规律，实际上不过表示：资本主义积累的本性，决不允许劳动剥削程度的任何降低或劳动价格的任何提高有可能严重地危及资本关系的不断再生产和它的规模不断扩大的再生产”②，因此，贫富对立是资本主义的根本特征和必然产物。

具体来说，资本主义制度下，贫富对立必然形成和激化的原因有以下几个。首先，资本主义市场的生产具有极大的波动性，这造成工人就业和收入的不稳定。“工厂制度的巨大的跳跃式的扩展能力和它对世界市场的依赖，必然造成热病似的生产，并随之造成市场商品充斥，而当市场收缩时，就出现瘫痪状态。工业的生命按照中常活跃、繁荣、生产过剩、危机、停滞这几个时期的顺序而不断地转换。由于工业循环的这种周期变换，机器生产使工人在就业上并从而在生活状况上遭遇的没有保障和不稳定性，成为正常的现象。除了繁荣时期以外，资本家之间总是进行十分激烈的斗争，以争夺各自在市场上的份额。这个份额同产品的便宜程度成正比。除了由此造成的资本家竞相采用代替劳动力的改

① 《马克思恩格斯文集》第5卷，人民出版社2009年版，第349页。

② 《马克思恩格斯文集》第5卷，人民出版社2009年版，第716页。

良机器和新的生产方法以外，每次都出现这样的时刻：为了追求商品便宜，强制地把工资压低到劳动力价值以下。”[①]其次，资本主义制度下，生产技术的变化，及其引发的社会分工的变化，造成劳动者的无保障。“现代工业通过机器、化学过程和其他方法，使工人的职能和劳动过程的社会结合不断地随着生产的技术基础发生变革。这样，它也同样不断地使社会内部的分工发生革命，不断地把大量资本和大批工人从一个生产部门投到另一个生产部门。因此，大工业的本性决定了劳动的变换、职能的更动和工人的全面流动性。另一方面，大工业在它的资本主义形式上再生产出旧的分工及其固定化的专业。我们已经看到，这个绝对的矛盾怎样破坏着工人生活的一切安宁、稳定和保障，使工人面临这样的威胁：在劳动资料被夺走的同时，生活资料也不断被夺走，在他的局部职能变成过剩的同时，他本身也变成过剩的东西；这个矛盾怎样通过工人阶级的不断牺牲、劳动力的无限度的浪费和社会无政府状态造成的灾难而放纵地表现出来。”[②]最后，随着社会劳动生产率的不断提高，劳动的成果越来越相对过剩，这就加大了劳动的内部竞争，增加了资本的定价优势。“劳动生产力越是增长，资本造成的劳动供给比资本对工人的需求越是增加得快。工人阶级中就业部分的过度劳动，扩大了它的后备军的队伍，而后者通过竞争加在就业工人身上的增大的压力，又反过来迫使就业工人不得不

① 《马克思恩格斯文集》第5卷，人民出版社2009年版，第522页。

② 《马克思恩格斯文集》第5卷，人民出版社2009年版，第560—561页。

从事过度劳动和听从资本的摆布。”[①] 由于在资本主义制度下，“一切提高社会劳动生产力的方法都是靠牺牲工人个人来实现的；一切发展生产的手段都转变为统治和剥削生产者的手段，都使工人畸形发展，成为局部的人，把工人贬低为机器的附属品”[②]。因此，资本主义市场经济发展，资本积累的同时，也就是劳动者的贫困在加剧，“这一规律制约着同资本积累相适应的贫困积累。因此，在一极是财富的积累，同时在另一极，即在把自己的产品作为资本来生产的阶级方面，是贫困、劳动折磨、受奴役、无知、粗野和道德堕落的积累”[③]。

而且，特别需要指出的一点是，资本主义在局部的领域、一定的时间段，确实会出现劳资关系在一定程度上缓和的现象，但是有一部分以此为依据说资本主义可以把劳资矛盾消除掉，就大错特错了。这种缓和主要来源于两方面的因素，一是劳动者自己争取正当权益的斗争，迫使资本家作出一定的让步，“在那里，它将采取较残酷的还是较人道的形式，那要看工人阶级自身的发展程度而定”[④]。也就是说，劳动者的斗争得来的缓和，其程度取决于劳动者阶层力量的大小。二是在特定的条件下，资本家为了更好地利用劳动者生产剩余价值，提高劳动生产率而主动推

---

① 《马克思恩格斯文集》第5卷，人民出版社2009年版，第733页。

② 《马克思恩格斯文集》第5卷，人民出版社2009年版，第743页。

③ 《马克思恩格斯文集》第5卷，人民出版社2009年版，第743—744页。

④ 《马克思恩格斯文集》第5卷，人民出版社2009年版，第9页。

动劳动者的发展，“撇开其较高尚的动机不说，他们的切身利益也迫使他们除掉一切可以由法律控制的、妨害工人阶级发展的障碍”①。但是，以上两点在资本主义制度下，都是局部的和暂时的，都要以资本主义制度和资本家的利益为边界，“经验不断反复证明，如果资本只是在社会范围的个别点上受到国家的监督，它就会在其他点上更加无限度地把损失捞回来；第二，资本家自己叫喊着要求平等的竞争条件，即要求对劳动的剥削实行平等的限制”②。

因此，认为欧美资本主义已经发展到成熟阶段，贫富对立和劳资关系日渐缓和的观点，是不符合实际的。对于北欧而言，我们不能把最低工资、平均工资水平较高和贫富对立相混淆。对于其他发达资本主义国家，例如日本，其积累率最高，而劳资矛盾也同样严峻。2011 年波及 80 个国家的“占领华尔街运动”和 2016 年法国的“黑夜站立运动”，以及大多数资本主义国家不断爆发的示威游行和罢工等，均反映了其劳资矛盾和“1% 与 99%”贫富对立的激烈程度。美国经济学家约瑟夫·斯蒂格利茨 2011 年在分析此次经济危机时说道：“美国上层 1% 的人现在每年拿走将近 1/4 的国民收入。以财富而不是收入来看，这塔尖的 1% 控制了 40% 的财富。他们人生的财运节节走高，25 年前，这两个数字分别是 12% 和 33%。”在新自由主义条件下，工人和工会在与

---

① 《马克思恩格斯文集》第 5 卷，人民出版社 2009 年版，第 9 页。

② 《马克思恩格斯文集》第 5 卷，人民出版社 2009 年版，第 564 页。

资本的博弈中处于弱势地位，社会缺乏为工人提供援助的相应政策和计划，导致工资不升反降，而利润却不断上涨。贫富分化带来的问题是，谁来购买不断增加的产出？结果是，进入21世纪以来，工薪家庭的收入水平或者停滞或者下降，他们不得不把房屋作为抵押进行借贷以保持之前的生活水平。到2006年，这种债务已经变得过高而无法持续下去，工薪家庭发现他们已经很难再靠其收入进行正常借贷了，之前的债务也无力偿还了，于是，爆发了危机。近年美国人口调查局等公布的统计报告也可证明这一点。据称，2007年没有保险的美国人数量还有4570万；总人口中的12.5%生活在联邦贫困线标准以下，而贫困儿童的数量却增加了50万，达到1330万；工薪收入者中，1%的高收入者的收入占所有工资收入的23%，是1928年以来最高值。总而言之，这次金融危机是1980年以来新自由主义在全世界泛滥所导致的一个非常符合逻辑的结果。

与马克思和列宁时代相比，当今世界资本主义经济的基本矛盾是经济不断社会化和全球化，与生产要素的私人所有、集体所有和国家所有的矛盾，与国民经济的无政府状态或无秩序状态的矛盾。这个扩展了的全球基本经济矛盾通过以下四种具体矛盾和中间环节导致次贷危机、金融危机和经济危机。第一，从微观基础分析，私有制及其企业管理模式容易形成高级管理层为追求个人巨额收入极大化而追求利润极大化，日益采用风险较大的金融工具，从而酿成各种危机。第二，从经济结构分析，私有制结合市场经济容易形成生产相对过剩、实体经济与虚拟经济的比例失衡，从而酿成各种危机。第三，从经济调节分析，私有制垄断集团和金融寡头容易反对国家监管和调控，而资产阶级国家又为私有制经济基础服务，导致市场和国家调节双失灵，从而酿成各种危机。第四，从分配消费分析，私有制结合市场经济容易形成社会财富和收入分配的贫富分化，导致生产的无限扩大与群众有支付能力需求相对缩小的矛盾，群众被迫进行维持生计的含次贷在内的过度消费信贷，从而酿成各种危机。

可见，贫富阶级对立是深植于资本主义的基因，是无法根治的顽疾。只要资本主义制度依然存在，那么，对于资本家而言，“我死后哪怕洪水滔天！这就是每个资本家和每个资本家国家的口号。因此，资本是根本不关心工人的健康和寿命的，除非社会迫使它去关心。人们为体力和智力的衰退、夭折、过度劳动的折磨而愤愤不平，资本却回答说：既然这种痛苦会增加我们的快乐（利润），我们又何必为此苦恼呢？”[①] 而且这一对立会随着资本主义基本矛盾的激化而呈现出愈演愈烈的趋势。当今的发达资本主义是处于资本主义晚期，或者说垄断性、腐朽性和过渡性更凸显的资本主义高级阶段，而不是社会矛盾日趋弱化的健康成熟阶段。用《资本论》中历史与逻辑相结合的方法进行分析，不难发现，尽管当今世界相对于马克思写作《资本论》的年代已经发生了巨大变革，

① 《马克思恩格斯文集》第 5 卷，人民出版社 2009 年版，第 311—312 页。

但是，生产力与生产关系的矛盾运动规律对社会发展趋势的决定性作用是不以人的意志和时代变迁为转移的。“问题本身并不在于资本主义生产的自然规律所引起的社会对抗的发展程度的高低。问题在于这些规律本身，在于这些以铁的必然性发生作用并且正在实现的趋势。”①资本主义的发展是一个自然的历史过程，无论其如何进行自身调整，也无论中外资产阶级经济学家如何掩饰辩解，私有制占主体的资本主义经济关系形成、发展直至最后消亡的总趋势不会改变。

其三，关于生态环境。我们知道，生态环境问题是当前一个重要的全球性问题，借助于《资本论》第一卷所阐释的资本积累理论，我们不难发现生态问题是资本积累的后果和趋势。“资本”是《资本论》的关键词，是贯穿全书的“劳动、资本和剩余价值”三大主要范畴之一，是我们认识全球化背景下的生态环境问题的关键。资本是人类历史发展到一定阶段的产物，是一个历史范畴。同时，资本是一种生产要素，是能够带来剩余价值的价值。私人资本的本质不是其表面的物的形态，而是其背后的社会关系，但是这种关系要通过物来体现，这就体现为资本的双重逻辑：一方面是作为生产要素参与“制造产品的社会劳动过程”②，创造物质商品，增加社会财富；另一方面是追求利润最大化，“是资本尽可能多地自行增殖，

① 《马克思恩格斯文集》第5卷，人民出版社2009年版，第8页。

② 《马克思恩格斯文集》第5卷，人民出版社2009年版，第385页。

也就是尽可能多地生产剩余价值”①。对于利润的追求，促使私人资本不断在更大的范围运动和扩张。在这一过程中，资本促进了生产力的发展，促进了世界市场的形成和发展，也带来了一系列的负面影响。从私人资本到私人垄断资本、国家垄断资本，再到国际垄断资本，资本的扩张本性使生产全球化、贸易全球化、金融全球化和企业经营全球化不断发展，同时以私人占有为基础、以虚拟资本为特征的当代私人资本也越来越贪婪。私人资本的这种不断扩张导致资本主义基本矛盾在全球范围内蔓延和加剧，人与自然关系日益紧张，生态环境问题持续严重，其外在表现形态愈加复杂。一方面，从历史上和全球现实来看，生态环境恶化是私人资本积累的必然后果和客观趋势，其主要根源是资本主义制度，技术是第二位的。另一方面，发达国家虽然治理了一部分污染问题，同时在全球化过程中也转移了污染问题。有舆论说，发达资本主义国家的环境整体比较好，说明资本主义制度和生态环境问题没有必然关系，这就会无视历史上资本主义对全球生态环境的重要影响，并且至今美国等发达国家的人均污染排放量仍大大超过发展中国家，也会掩盖发达国家在全球化进程中对广大发展中国家直接或间接的污染转移的事实。因此，从历史和全球来研判，私有制仍然是造成生态环境问题的主要原因。在全球资本主义制度大框架下，生态环境问题难以较快得到根本解决。

① 《马克思恩格斯文集》第 5 卷，人民出版社 2009 年版，第 384 页。

其四，关于全球经济治理。回顾历史，我们可以发现，20 世纪以来全球政治经济的治理大致经历了三种类型。第一个是列强争霸或帝国争夺型治理。1900—1945 年，伴随着英国霸权地位的日渐衰落和美国等国势力的不断提升，世界强国之间冲突和竞争剧烈，维护国际政治经济体系稳定的国际组织和国际规则缺失，各国之间弱肉强食，单边主义政策盛行，“以邻为壑”式的贸易战与货币战频发，国际政治经济体系动荡剧烈，爆发了两次世界大战及一系列殖民主义战和一次严重的世界性经济危机。但是，苏联等社会主义国家的诞生，使全球政治经济的民主治理出现了许多积极的因素。第二个是两超阵营型治理。1946—1989 年，美苏两个超级大国分别支配了资本主义和社会主义两大阵营，各方都尽力维持着自己的势力范围并把矛盾控制于自己的阵营，维持了世界经济政治体系的一种相对平衡和稳定。美国以西方世界霸主自居，出于遏制“苏联共产主义扩张”的经济政治需要，容忍了西欧和日本等国长期的“搭便车”经济行为，为西方资本主义世界体系提供了诸如自由开放的国际贸易体制、稳定的国际货币体系、国际安全和对外援助等国际公共物品。在军事政治领域，美国组建了北约集团，向其盟国提供安全和核保护伞；在经济贸易领域，美国主导了以 GATT 为核心的自由贸易体制和国际贸易规则，从而维系了西方资本主义国际体系的某种长期稳定。在此期间，落后国家的民族解放战争也纷纷胜利，第三世界国家作用不断扩大，世界经济政治的民主治理的积极因素继续提升；但是，主要资本主义国家长期发动的“冷战”，严重妨碍全球经济、政治和文化进步，军备竞赛加剧。第三个是一霸数强型治理。1990 年至今，随着“冷战”的结束，美国成为唯一的超级大国，没有其他国家或国家集团能够扮演平衡者的角色。为了巩固“全球领导地位”，美国不断交替使用“单边主义”“多边主义”战略手段阻遏多极化趋势，从立足于联合国转移到国际货币基金组织、世界银行、世界贸易组织、国际能源机构和北约军事组织等，主导国际规则的制定，推行新自由主义政策，越来越露骨地把接受西方国家的价值观作为它提供对外援助和贷款的先决条件，越来越露骨地把国际政策变成促进或维护其本国实力、遏制或削弱他国实力，实现自己利益的工具，破坏了全球经济、政治和文化的民主治理。仅在经济领域，世界范围内的贸易战、金融战、资源战、科技战等层出不穷。而这种全球治理体系在理论上也有一定的反映。某些全球治理理论建立在政府的作用和国家的主权日益削弱、民族国家的疆界日益模糊不清这一前提之上，过分强调治理的跨国性和全球性，过分弱化国家主权和主权国家在国内和国际治理的作用，客观上有可能成为资本主义大国和垄断资本跨国公司干涉别国内政、谋求国际霸权的理论依据。某些全球治理理论建立于现存的国际组织和国际规则之上，过分强调受美国等西方发达国家主导或左右的国际政府组织和非政府组织以及国际规则和机制的作用，客观上使得全球治理很难彻底摆脱发达资本主义国家的操纵。不过，当今中国正在引领经济全球化和经济治理的公正化发展，引领国际社会塑造共同经济安全和国际经济新秩序，为中国和世界人民造福。

（二）《资本论》与社会主义共产主义

《资本论》中的共产主义经济形态的思想是丰富和科学的，但马克思和恩格斯没有为社会主义和共产主义社会设计具体模式。在他们看来，这是要靠共产主义建设者们去解决的。只要我们不忘初心，牢记使命，便会领悟到共产主义经济制度理想与中国特色社会主义经济制度信念是紧密相连的，社会主义初级阶段发展生产力、实现公有制主体基础上的共同富裕实践，就是批判和改变资本主义现存状况并向共产主义过渡的现实运动。习近平总书记强调："革命理想高于天。实现共产主义是我们共产党人的最高理想，而这个最高理想是需要一代又一代人接力奋斗的"，"我们现在坚持和发展中国特色社会主义，就是向着最高理想所进行的实实在在努力"。[①] 在当前全面深化改革之际，我们面临来自国际国内的前所未有的挑战，因而不仅要坚决抵制与《资本论》原理相悖的新自由主义影响，而且要学好用好《资本论》中关于资本主义和共产主义的理论精神，把中国特色社会主义和共产主义事业推向前进。《资本论》中至少有以下关于共产主义的经济思想对于建设中国特色社会主义市场经济具有现实意义。

---

① 习近平：《做焦裕禄式的县委书记》，载《十八大以来重要文献选编》，中央文献出版社 2016 年版，第 321 页。

第一，资本主义社会的合作工厂和股份公司是由资本主义转化为共产主义的过渡形式。马克思把合作工厂称为“工人自己的合作工厂”和“积极扬弃”，并且从来没有怀疑过它是资本主义向共产主义的过渡形式和中间环节。[①]在社会主义初级阶段，合作制依然是适应现阶段生产力的企业组织形式。党的十一届三中全会以来，利用集体积累和银行贷款等途径发展了一批合作工厂，后来在企业改革中，把原来的一部分小型国有企业和乡镇企业改造为股份合作制企业，提高了企业活力。在当前农村经济体制改革中，贵州塘约合作模式和以家庭联产承包责任制为基础的合作经营模式，也应当大有作为。

“资本主义的股份企业，也和合作工厂一样，应当被看做是由资本主义生产方式转化为联合的生产方式的过渡形式，只不过在前者那里，对立是消极地扬弃的，而在后者那里，对立是积极地扬弃的。”[②]股份制的出现，带来了企业组织形式和资本组织形式的新变化，股份制使单个资本不可能建立的企业出现了，生产规模惊人地扩大了，单个私有者的企业转变成社会的企业，私人资本取得了社会资本（即社会集资）的形式并与私人资本相对立，使资本增殖的职能同资本所有权相分离，劳动也已经完全同生产资料的所有权和

① 恩格斯在给奥古斯特·倍倍尔的信中指出：“在向完全的共产主义经济过渡时，我们必须大规模地采用合作生产作为中间环节，这一点马克思和我从来没有怀疑过。”参见《马克思恩格斯文集》第10卷，人民出版社2009年版，第547页。

② 《马克思恩格斯文集》第7卷，人民出版社2009年版，第499页。

剩余劳动的所有权相分离，在更大规模上适应了社会化大生产的需要。在社会主义初级阶段多种所有制并存的条件下，可以利用股份制形式，增强公私资本的积极性和流动性，提高企业的活力和竞争力。但是绝不可以妄断股份制就是公有制。股份制企业的性质是由控股权决定的。在当前发展混合所有制经济，对国有企业进行股份制改造时，要坚持公有主体型的产权原则，确保公有资本的控制权，这样才能扩大和巩固国有经济的主导地位。①

第二，信用和银行制度是向共产主义生产方式过渡的有力杠杆。马克思认为，首先，“信用制度和银行制度把社会上一切可用的、甚至可能的、尚未积极发挥作用的资本交给产业资本家和商业资本家支配，以致这个资本的贷放者和使用者，都不是这个资本的所有者或生产者”②。其次，银行制度（信用制度）缩短了从商品资本转化为货币资本的过程，加速了消费，调节了生产资本的分配，促进了生产力的发展。最后，“在由资本主义的生产方式向联合起来劳动的生产方式过渡时，信用制度会作为有力的杠杆发生作用。”③信用加速了资本的集中和资本的联合，不仅为资本主义生产方式创造了崭新的生产条件和交换条件，而且为社会主义生产准备了合作工厂和股份公司这种社会化生产的组织形式。“银行制度同

① 参见程恩富：《要坚持中国特色社会主义政治经济学的八个重大原则》，《经济纵横》2016年第3期。

② 《马克思恩格斯文集》第7卷，人民出版社2009年版，第686页。

③ 《马克思恩格斯文集》第7卷，人民出版社2009年版，第686页。

时也提供了社会范围的公共簿记和生产资料的公共分配的形式。”①合作工厂、股份公司以及银行制度所造成的公共分配的形式，尽管它们只是形式而已（实质上是私人的），但它在一定程度上“会被赋予社会主义的意义”②。在社会主义初级阶段，社会主义市场经济作为发达的商品经济形式，虽然建立在公有制的主体地位基础上，但是私有制经济在一定范围内还存在，商品货币关系还存在，因而，信用还大有作为。但是，必须注意到信用是把“双刃剑”，它“一方面，把资本主义生产的动力——用剥削他人劳动的办法来发财致富——发展成为最纯粹最巨大的赌博欺诈制度，并且使剥削社会财富的少数人的人数越来越减少；另一方面，造成转到一种新生产方式的过渡形式”③。因此，在社会主义市场经济建设中，一方面要通过发展信用制度，促进实体经济的发展；另一方面要加强信用体系建设，加强金融监管，坚持信用工具适度创新的原则，限制信用在虚拟经济中的作用，预防脱实向虚、信用欺诈和金融危机。

第三，按比例发展是共产主义经济的一个基本特征，生产的计划调节和簿记为劳动生产率的提高开辟了广阔的道路。《资本论》

① 《马克思恩格斯文集》第7卷，人民出版社2009年版，第686页。

② “最后，毫无疑问，在由资本主义的生产方式向联合起来劳动的生产方式过渡时，信用制度会作为有力的杠杆发生作用；但是，它仅仅是和生产方式本身的其他重大的有机变革相联系的一个要素。与此相反，关于信用制度和银行制度的奇迹般的力量的种种幻想所以会被赋予社会主义的意义，是由于对资本主义生产方式和作为它的形式之一的信用制度完全没有认识。”参见《马克思恩格斯文集》第7卷，人民出版社2009年版，第686—687页。

③ 《马克思恩格斯文集》第7卷，人民出版社2009年版，第500页。

的分析表明，按比例规律是一切社会共有的经济规律，资本主义私有制为主体的社会化商品经济依靠市场的盲目调节，无法自觉实现按比例发展。在我国社会主义市场经济中，以公有制为主体、多种所有制经济共同发展的基本经济制度决定了国家调节规律或计划调节规律与市场调节规律相结合，才能形成功能上良性互补、效应上协同的有机整体来实现按比例发展。

不管是自然经济、商品经济还是未来的产品经济，劳动生产率的衡量标准是一样的，较高的劳动生产率以单位商品加入的劳动量较少为标志。因此，“在资本主义生产方式消灭以后，但社会生产依然存在的情况下，价值决定仍会在下述意义上起支配作用：劳动时间的调节和社会劳动在不同的生产类别之间的分配。”①“簿记，将比以前任何时候都更重要。”②簿记作为计划执行的手段和对生产过程的控制和观念总结，对公有生产比资本主义的私人生产更为必要。“过程越是按社会的规模进行，越是失去纯粹个人的性质，作为对过程的监督和观念上的总括的簿记就越是必要；因此，簿记对资本主义生产，比对手工业和农民的分散生产更为必要，对公有生产，比对资本主义生产更为必要。但是，簿记的费用随着生产的积聚而减少，簿记越是转化为社会的簿记，这种费用也就越少。”③

---

① 《马克思恩格斯文集》第 7 卷，人民出版社 2009 年版，第 965 页。

② 《马克思恩格斯文集》第 7 卷，人民出版社 2009 年版，第 965 页。

③ 《马克思恩格斯文集》第 6 卷，人民出版社 2009 年版，第 152 页。

第四，联合起来的生产者将合理调节经济发展与自然之间的关系。《资本论》研究的对象是人与人的生产关系，但是人与自然的关系也是贯穿始终的。因为“劳动首先是人和自然之间的过程，是人以自身的活动来中介、调整和控制人和自然之间的物质变换的过程”①，是“人类生活得以实现的永恒的自然必然性”②。正是在人与自然关系的基础上，发生了人与人之间的关系；而人与人之间的社会关系一旦发展起来，就对人与自然的关系产生巨大的反作用。资本主义雇佣劳动制度下，资本对剩余价值的贪婪导致资本对自然的无节制地开发和利用，引起人与自然关系恶化的生态环境危机。在资本主义社会，人与自然的关系其实就是资本同自然的关系，背后是人与人的关系。资本主义生态环境危机实质上是由于资本对自然的疯狂占有和掠夺所引起的资本同自然之间关系的恶化。因此，只有消灭资本主义生产方式，才能较快地使人和自然的关系得到健康和谐的发展。“社会化的人，联合起来的生产者，将合理地调节他们和自然之间的物质交换，把它置于他们的共同控制之下，而不让它作为一种盲目的力量来统治自己；靠消耗最小的力量，在最无愧于和最适合于他们的人类本性的条件下来进行这种物质变换。”③那时，不仅人与人之间关系的异化问题得到解决，而且人与自然之间关系的异化问题也得以解决。两百多年的工业文明创造了巨大物

① 《马克思恩格斯文集》第5卷，人民出版社2009年版，第207—208页。
② 《马克思恩格斯文集》第5卷，人民出版社2009年版，第56页。
③ 《马克思恩格斯文集》第7卷，人民出版社2009年版，第928—929页。

质财富、取得了巨大社会进步，但与此同时，全球范围内的气候变化、环境污染、生态退化问题不仅没有得到有效遏制，反而日趋恶化。第四次工业革命——绿色工业革命已经到来，但是经济全球化所带来的资本全球化，能够较快实现全球的绿色革命吗？无疑在这一进程中，需要各国和国际社会联合起来的生产者，合理地调节他们和自然之间的物质交换，人与自然才能达到最大的统一。我国自实行市场经济以来，生态环境问题也日益严重，马克思的分析给我们解决这一问题提供了指导原则：坚持公有制的主体地位，加大国家调节或计划调节的力度。

第五，共产主义社会的总产品仍然分为生产资料和消费资料两大部类。马克思的社会再生产理论，把社会生产分为两大部类，社会总产品的实物形态分为生产资料与生活资料，其价值构成为 c、v、m。在此基础上他还研究了社会总资本简单再生产和扩大再生产的一般条件。马克思对社会总资本再生产和流通进行的一般考察或理论抽象所揭示的社会再生产规律，目的是为了说明以下三点：其一，任何社会生产都要按比例进行。其二，社会再生产要顺利进行，不仅两大部类之间即生产资料的生产与消费资料的生产要保持平衡，而且各部类内部各个产业之间、各产业内部各部门之间的生产也要保持平衡，即供给和需求的总量平衡和结构平衡。其三，在资本主义市场经济条件下，受剩余价值规律的支配，个别企业生产的有目的性和整个社会生产的无政府无秩序状态，无法实现社会生产的按比例进行。要实现社会生产的按比例进行，必须首先消灭生产无政府状态的私有制根源，实行生产资料公有制，然后对生产进行有计划的调节。

马克思指出，共产主义社会的总产品仍然分为生产资料和消费资料两大类："这个联合体的总产品是一个社会产品。这个产品的一部分重新用做生产资料。这一部分依旧是社会的。而另一部分则作为生活资料由联合体成员消费"①。马克思在这里指出了未来社会总产品是属于社会的，属于联合体全体成员的。马克思还进一步指出，共产主义社会再生产不再是盲目的，人们可以计算再生产所需要的劳动时间，"即使假定国民跟全体资本家有所不同，国民在下述意义上也可以拿价值同价值相比较：国民可以计算出它所花费的用于补偿其不变资本中已消费部分和加入个人消费的产品部分的全部劳动时间，以及花在生产用来扩大再生产规模的余额上的劳动时间"②。不表现为商品价值的劳动时间的直接计算，保证了社会劳动在可控的条件下按比例地分配到再生产的各个环节，这在不断先进的计算机和大数据时代，更容易较精确地实现。

第六，在公有社会再生产过程中，也要注意生产周期不同的产业之间的协调发展。社会生产由于"劳动过程的物质条件"不同，生产周期不同，"有些事业在较长时间内取走劳动力和生产资料，而在这个时间内不提供任何有效用的产品；而另一些生产部门不仅在一年间不断地或者多次地取走劳动力和生产资料，而且也提

---

① 《马克思恩格斯文集》第5卷，人民出版社2009年版，第96页。

② 《马克思恩格斯全集》第36卷，人民出版社2015年版，第212页。

供生活资料和生产资料。在社会生产的基础上，必须确定前者按什么规模进行，才不致有损于后者。在社会的生产中，和在资本主义的生产中一样，在劳动期间较短的生产部门，工人将照旧只在较短时间内取走产品而不提供产品；在劳动期间长的生产部门，则在提供产品之前，在较长时间内不断取走产品。因此，这种情况是由各该劳动过程的物质条件造成的，而不是由这个过程的社会形式造成的”①。也就是说，不仅共产主义生产，而且所有社会生产，都要注意生产规模大的长期投资与生产规模小的短期投资之间的比例关系。对那些生产周期长的部门，“如铁路建设，在一年或一年以上的较长时间内不提供任何生产资料和生活资料，不提供任何有用效果，但会从全年总生产中取走劳动、生产资料和生活资料”②。“在资本主义社会，社会的理智总是事后才起作用，因此可能并且必然会不断发生巨大的紊乱。”③ 在共产主义社会，“社会必须预先计算好，能把多少劳动、生产资料和生活资料用在这样一些产业部门而不致受任何损害”④。

在社会主义市场经济条件下，我们依然要遵循马克思的社会再生产理论，尤其是共产主义再生产的思想，保持经济总量平衡和经济结构平衡，处理好积累与消费的关系和供给侧与需求侧的关系，

① 《马克思恩格斯文集》第 6 卷，人民出版社 2009 年版，第 396—397 页。
② 《马克思恩格斯文集》第 6 卷，人民出版社 2009 年版，第 349 页。
③ 《马克思恩格斯文集》第 6 卷，人民出版社 2009 年版，第 349 页。
④ 《马克思恩格斯文集》第 6 卷，人民出版社 2009 年版，第 349 页。

对那些关系国计民生的基础性和长远性的大的投资项目，政府要在财力物力许可的条件下有计划地实施，确保经济建设过程中的战略重点，为市场经济的顺利运行提供公共产品和公共服务。

第七，共产主义社会消灭了必要劳动和剩余劳动之间的对抗性矛盾。虽然必要劳动和剩余劳动是一切社会生产方式所共有的基础，但是在不同的社会经济形态中，必要劳动和剩余劳动所采取的不同的社会形式，则反映着不同的生产关系。在社会主义条件下，劳动者的活劳动依然分为必要劳动和剩余劳动。社会主义初级阶段多种所有制的存在，要求我们厘清剩余劳动和剩余价值的性质与归属。全民所有制的国有企业的剩余价值归国家所有，即国有资本获取“国有剩余价值”；集体所有制企业的剩余价值归集体所有，即集体资本获取“集体剩余价值”；而私营企业和外资企业的剩余价值归私人资本所有，即私人资本获取“私人剩余价值”，带有明显的剥削性质。这就要求我们要坚持公有制的主体地位，提高公有制的控制力和影响力，对非公有制经济要严格坚持“鼓励、支持和引导”的方针。尤其是要在“引导”上下功夫，引导非公有制经济在法律许可的范围内“合法合理”地获取剩余价值，限制其一切为追求剩余价值而无视劳动者利益和损害社会利益的行为。

与必要劳动和剩余劳动相对应，社会主义阶段劳动者活劳动的产品也分为必要产品和剩余产品。其中，必要产品用于劳动者及其家属的生活需要，剩余产品用于扩大再生产和储备、国家党政管理、国防等某些非生产部门劳动者及其家属的生活需要，以及社会公共事业的发展需要等。这就要求我们处理好积累和消费的关系，过高的积累率在短期会促进生产的增长，但从长期看却牺牲了生产增长的后劲（消费）。

第八，共产主义社会需要有剩余劳动来生产和提供各种基金。“剩余劳动一般作为超过一定的需要量的劳动，应当始终存在。”①无论是在资本主义社会，还是在共产主义社会，都必须有剩余劳动，必须有积累以及为了社会保障基金的筹集等必须进行的社会总产品的扣除。共产主义剩余劳动的存在，目的是为了生产积累基金、保险基金和准备金等各种基金，那时剩余劳动将“缩小到社会现有生产条件下一方面为了形成保险基金和准备金，另一方面为了按照社会需求所决定的程度来不断扩大再生产所必要的限度”②。积累基金是共产主义社会扩大再生产使物质财富极大富有的手段。共产主义社会的积累基金不同于资本主义的资本积累：资本主义的资本积累是加大剥削工人的条件，而共产主义的积累基金是劳动者为自己积累，是保证社会生产顺利进行的基本前提。马克思在《资本论》第二卷中论证了，即使在资本主义制度被推翻以后，为了社会再生产的顺利进行，社会也必须有为了固定资本的实物更新所需要的物质储备和人口的再生产所需要的生活资料的储备，即“为了对偶然事故提供保险，为了保证再生产过程的必要的、同需要的发展和人口的增长相适应的累进的扩大（从资本主义观点来说叫做积

---

① 《马克思恩格斯文集》第7卷，人民出版社2009年版，第927页。

② 《马克思恩格斯文集》第7卷，人民出版社2009年版，第992页。

累），一定量的剩余劳动是必要的”[①]。

防止意外如不幸事故、自然灾害、疾病、残障等所需要的社会保障基金是社会的安全网，任何社会都应当有社会保障基金以应对各种风险。共产主义社会保障基金也是在剩余价值，剩余产品，从而剩余劳动中，除了用来积累，即用来扩大再生产过程的部分以外，甚至在资本主义生产方式消灭之后，也必须继续存在的唯一部分。社会主义初级阶段实行市场经济，社会风险比马克思预想的要大得多，必须处理好消费与积累、公平与效率的关系，在发展生产力的同时，做好社会保障，降低社会风险，才能全面建成小康社会。用于教育、保健、社会福利等的发展基金是保障人的自由全面发展的基本手段。“这部分利润归结为剩余劳动时间，即使没有资本存在，社会也必须不断地完成这个剩余劳动时间，以便能支配一个所谓发展基金——仅仅人口的增长，就已使这个发展基金成为必要的了”[②]。教育、保健、社会福利等发展基金是劳动者体力和智力的基本保障，是劳动力再生产的基本内容，是每个人自由发展的前提。我国现阶段教育、医疗保健、社会福利的城乡差异和地区差异还非常大，必须按照马克思的共产主义原则，坚持以人民为中心的发展思想，发挥公共财政的积极作用，实现发展基金在社会成员之间的公平分配。

第九，合理的农业所需要的是联合起来的生产者的控制。“资

---

① 《马克思恩格斯文集》第 7 卷，人民出版社 2009 年版，第 927 页。

② 《马克思恩格斯全集》第 33 卷，人民出版社 2004 年版，第 85—86 页。

本主义制度同合理的农业相矛盾，或者说，合理的农业同资本主义制度不相容（虽然资本主义制度促进农业技术的发展），合理的农业所需要的，要么是自食其力的小农的手，要么是联合起来的生产者的控制。”[①]然而，小农经济与落后的生产力相适应，不能满足经济发展和社会化大生产的需要，“在小规模园艺式的农业中，例如在伦巴第，在中国南部，在日本，也有过这种巨大的节约。不过总的说来，这种制度下的农业生产率，以人类劳动力的巨大浪费为代价，而这种劳动力也就不能用于其他生产部门”[②]。因此，与马克思分析的“私地悲剧”不同，合理的农业必须是由“联合起来的生产者”控制。“如果土地所有权归人民所有，资本主义生产的整个基础，使劳动条件与工人相对立而独立化的基础，就不再存在了。”[③]只有在共产主义社会，把农业建立在土地等生产资料公有制的基础上，才能有计划地合理地开发利用土地，并保障农业劳动者的自由全面发展。同时，公有生产还要安排好用于林业生产的土地。“在公社生产的情况下，不需要这种资本；问题只是在于公社从耕地和牧场能抽出多少土地用于林业生产”[④]，因为在社会共同占有的土地制度下，不是以利润为生产目的，不因林木的周转时期长而不生产，只需要根据社会的需要合理地计划和安排用于林业生产的土地。

① 《马克思恩格斯文集》第 7 卷，人民出版社 2009 年版，第 137 页。
② 《马克思恩格斯文集》第 7 卷，人民出版社 2009 年版，第 115—116 页。
③ 《马克思恩格斯全集》第 34 卷，人民出版社 2008 年版，第 112 页。
④ 《马克思恩格斯文集》第 6 卷，人民出版社 2009 年版，第 271 页。

第十，劳动时间将是计量生产者个人在共同劳动产品的个人消费部分中所占份额的尺度。“仅仅为了同商品生产进行对比，我们假定，每个生产者在生活资料中得到的份额是由他的劳动时间决定的。这样，劳动时间就会起双重作用。劳动时间的社会的有计划的分配，调节着各种劳动职能同各种需要的适当的比例。另一方面，劳动时间又是计量生产者在共同劳动中个人所占份额的尺度，因而也是计量生产者在共同产品的个人可消费部分中所占份额的尺度。”①马克思在这里阐述的是共产主义低级阶段即社会主义阶段的分配依据和分配方式：在生产资料公有制条件下，劳动时间是衡量个人在共同劳动中的贡献大小的尺度，依据劳动贡献的大小确定分配给个人的消费品份额，这一分配方式即是按劳分配。

马克思认为共产主义社会的分配方式不是一成不变的，而是随着生产力水平的变化、社会生产关系的变化而变化。他说自由人联合体“这种分配的方式会随着社会生产机体本身的特殊方式和随着生产者的相应的历史发展程度而改变”②。首先，未来社会生产力是不断发展的。刚刚从资本主义脱胎出来的社会主义，生产力还不是高度发展，劳动还是谋生的手段，不可能使物质极大富有，所以只能实行按劳分配；只有到了共产主义高级阶段，生产力水平极大发展，物质财富充分涌流，才具备了实行按需分配的物质基础。其次，未来社会的生产关系也是在不断完善之中。在向共产主义社会

---

① 《马克思恩格斯文集》第5卷，人民出版社2009年版，第96页。

② 《马克思恩格斯文集》第5卷，人民出版社2009年版，第96页。

的过渡阶段，所有制不可能实行全社会所有，还会存在较低级的公有制形式比如合作制、集体所有制，旧的分工还存在，所以只能实行按劳分配。只有当公有制发展成熟成为全社会占有和完全计划经济的时候，才能实行按需分配。

我国处于社会主义初级阶段，要进一步解放生产力，发展生产力，坚持和完善公有制为主体、多种所有制经济共同发展的基本经济制度。与此相适应，收入分配制度实行按劳分配与多种分配方式并存。社会主义初级阶段与马克思为我们设想的“完全社会所有制 + 完全社会按劳分配 + 完全计划经济”①还有很大差距。在建设社会主义的征途上，只有坚持公有制的主体地位和按劳分配的主体地位，才能保证市场经济的社会主义方向，才能逐步实现共富共享。

第十一，工作日的缩短是建立在必然王国基础上的自由王国繁荣起来的根本条件。人类的历史就是一个不断地从必然王国向自由王国发展的历史。自由王国就是以“每一个个人的全面而自由的发展为基本原则的社会形式”②，一种全体社会成员共同占有了自由时间的社会形态——共产主义。“自由王国”存在于真正的物质生产领域的彼岸，但并不是说物质生产领域的彼岸就是“自由王国”，只有当人类把自己能力的发展作为目的本身时，才有真正的自由王

① 徐惠平、程恩富：《不断加深关于社会主义初级阶段的认识》，《中共云南省委党校学报》2008 年第 6 期。

② 《马克思恩格斯文集》第 5 卷，人民出版社 2009 年版，第 683 页。

国。在那里，劳动不是为了谋生，而是超越生存、超越个人物质需求而自觉地进行的劳动。物质生产活动的“此岸”和“彼岸”的对立，实质上是劳动时间和自由时间的对立。自由王国的实现，是劳动时间和自由时间的对立的扬弃，其直接表现就是工作日的缩短和劳动的普遍化。

马克思认为，在共产主义社会，劳动时间依然作为财富创造的实体和生产财富的费用的尺度。不过，它与资本主义社会的创造财富的劳动性质完全不同。人的自由全面发展在时间支配上的体现是：工作日缩短，劳动时间将较显著地缩短，自由时间显著地增加。人真正成为自己、社会和自然的主人。一方面，“自由时间，可以支配的时间，就是财富本身”。[①] 因为“一部分用于消费产品，一部分用于从事自由活动，这种自由活动不像劳动那样是在必须实现的外在目的的压力下决定的，而这种外在目的的实现是自然的必然性，或者说社会义务——怎么说都行”。[②] 另一方面，财富就是可以自由支配的时间。因为“一个国家只有在劳动 6 小时而不是劳动 12 小时的时候，才是真正富裕的。财富就是可以自由支配的时间，如此而已”。[③] 马克思强调，共产主义社会劳动的普遍化是工作日缩短从而自由时间增加的社会基础，“一切为养活不劳动的人而从事的劳动都会消失”。劳动的特征之一是“劳动的普遍化”，除

---

① 《马克思恩格斯全集》第 35 卷，人民出版社 2013 年版，第 230 页。

② 《马克思恩格斯全集》第 35 卷，人民出版社 2013 年版，第 230 页。

③ 《马克思恩格斯全集》第 35 卷，人民出版社 2013 年版，第 229 页。

了老病残幼等特殊情况外，每个有劳动能力的人都必须从事劳动。不过，马克思指出，劳动生产率的提高是缩短工作日、实现劳动普遍化的技术条件。

第十二，预见共产主义社会的教育、人的发展和家庭。马克思认为，教育是提高劳动者素质，提高劳动生产率和“造就全面发展的人的唯一方法”，是“直接把劳动能力本身生产、训练、发展、维持、再生产出来的劳动”①，“为改变一般人的本性，使它获得一定劳动部门的技能和技巧，成为发达的和专门的劳动力，就要有一定的教育或训练”②。“比社会的平均劳动较高级、较复杂的劳动，是这样一种劳动力的表现，这种劳动力比普通劳动力需要较高的教育费用，它的生产要花费较多的劳动时间，因此它具有较高的价值。既然这种劳动力的价值较高，它也就表现为较高级的劳动，也就在同样长的时间内对象化为较多的价值。”③

马克思通过对资本主义工厂制度的分析，指出“从工厂制度中萌发出了未来教育的幼芽，未来教育对所有已满一定年龄的儿童来说，就是生产劳动同智育和体育相结合，它不仅是提高社会生产的一种方法，而且是造就全面发展的人的唯一方法”④。马克思还提出共产主义应实行教育与生产劳动相结合的方针。“如果说工厂立法作

---

① 《马克思恩格斯文集》第 8 卷，人民出版社 2009 年版，第 234 页。
② 《马克思恩格斯文集》第 5 卷，人民出版社 2009 年版，第 200 页。
③ 《马克思恩格斯文集》第 5 卷，人民出版社 2009 年版，第 230 页。
④ 《马克思恩格斯文集》第 5 卷，人民出版社 2009 年版，第 556—557 页。

为从资本那里争取来的最初的微小让步，只是把初等教育同工厂劳动结合起来，那么毫无疑问，工人阶级在不可避免地夺取政权之后，将使理论的和实践的工艺教育在工人学校中占据应有的位置。”①

同时，马克思又指出，大工业使用女工和童工，为共产主义家庭和两性关系创造了新的经济基础。因为资本主义“使妇女、男女少年和儿童在家庭范围以外，在社会地组织起来的生产过程中起着决定性的作用，它也就为家庭和两性关系的更高级的形式创造了新的经济基础”②。社会主义社会还将存在工厂制度，这种新的工厂制度当然和资本主义的工厂制度有着本质的区别。只要废除了资本主义这个“造成毁灭和奴役的祸根”，公有工厂制度必然会反过来成为社会主义新型两性关系和家庭关系发展的源泉。

新中国成立以来，我党确立的教育和劳动相结合，德、智、体全面发展的教育方针，与马克思的共产主义教育思想是完全一致的。社会主义市场经济体制下，要遵循马克思的教育理论，要加大教育投入，把转变经济发展方式真正转移到依靠提高劳动者素质和提高劳动生产率上来；要保证教育资源的公平配置，要着力解决由于收入差距拉大、区域经济发展不平衡和城乡经济发展不平衡所导致的不同地区、不同群体受教育权利和教育资源占有的不平衡问题；要走教育与实践相结合的道路，创新教育管理体制和教育模式，尊重和激发个性潜能，克服过度突出应试教育的弊端，处理好

---

① 《马克思恩格斯文集》第 5 卷，人民出版社 2009 年版，第 561—562 页。

② 《马克思恩格斯文集》第 5 卷，人民出版社 2009 年版，第 563 页。

普通教育与职业教育的关系，培养具有创新能力的多方面发展人才；要特别重视女性和儿童的教育，提高女性劳动力参与率，并从小培养少年儿童热爱各类劳动的良好习惯。

（三）《资本论》与中国特色社会主义政治经济学

《资本论》对于中国特色社会主义政治经济学的发展有指导意义吗？习近平指出："如果说马克思在《资本论》中揭示的关于资本主义生产的基本原理和规律难以适用于社会主义条件下的计划经济的话，那么，对于我们当前正在大力发展的社会主义市场经济，却具有极为重要的指导意义。"① 这是十分精辟的科学论断。

首先，《资本论》的基本研究方法是历史唯物论和唯物辩证法，构建中国特色社会主义政治经济学的概念体系、规律体系、话语体系和理论体系，均需要继续运用这一基本方法。例如，在生产与消费、供给与需求的关系上，仍然要辩证地认识和操作，既不能像凯恩斯主义片面地过分强调需求，也不能像西方供给学派那样片面地过分强调供给，而是要依据国民经济状况的变化而灵活把握矛盾的主要方面。当前和今后一段时期，我国要在适度扩大总需求的同时，着力加强供给侧结构性改革，抓紧各种经济结构和重大经济比例的调整和改革，特别是加快缓解结构性产能过剩。要有针对性地

① 习近平：《社会主义市场经济和马克思主义经济学的发展与完善》，《经济学动态》1998年第7期。

去产能、去库存、去杠杆、降成本、补短板，提高供给体系质量和效率，提高投资有效性和消费的比例，加快培育新的发展动能，改造提升传统比较优势。中国特色社会主义政治经济学必须阐明经济结构协调型的平衡理论，应依据《资本论》的一般原理，深刻阐明中国产业结构应从中低端向中高端提升，产业内部和产业之间在不断现代化基础上保持平衡，省市和区域结构应异质化发展，外贸结构应增加高新技术含量和自主品牌，企业结构应构建中国大型企业集团支配、中小企业和外资企业并存的格局，技术结构应增大中国自主创新核心技术和自主知识产权比重，供求结构应保持供给略大于需求的动态总量平衡，金融发展应为实体经济服务，虚拟经济不宜过度发展，新型工业化、信息化、城镇化、农业现代化应相互协调等一系列协调发展的新理念和新理论。

其次，《资本论》的研究对象是资本主义生产关系或经济制度，并联系生产力和上层建筑来系统深入地阐明其产生、演变和发展趋势。改革开放前的社会主义政治经济学是研究社会主义计划经济的生产关系和经济制度的，而中国特色社会主义政治经济学应研究社会主义市场经济条件下生产关系和经济制度的基本层面和运行机制，涵盖以公有制为主体、多种所有制经济共同发展的基本经济制度，以按劳分配为主体、多种分配方式并存的基本分配制度，市场在资源配置中的决定性作用、更好发挥政府作用，建立完善的宏观调控体系，等等。全面深化经济体制改革便是适应生产力发展的客观需要而积极展开的，涉及生产、流通、分配、消费的社会生产和再生产的各个环节，涉及宏观经济、中观经济、微观经济和对外开放的各个领域，涉及生产关系、经济制度和运行机制的各个方面，这其中已经有许多新的实践和成功经验，并需要进一步科学提炼并上升为政治经济学的中国特色新理论。

再次，《资本论》科学地揭示了市场经济发展规律和运行的概念体系。主要有：劳动概念体系，包括具体劳动与抽象劳动、必要劳动与剩余劳动、简单劳动与复杂劳动、劳动生产力等；资本概念体系，包括不变资本与可变资本、固定资本与流动资本、产业资本与商业资本、土地资本与生息资本等；剩余价值概念体系，包括产业利润、商业利润、银行利息、地租等。在这三大概念体系中，马克思明确指出，分析资本主义市场经济的政治经济学只能是“资本的政治经济学”，而未来社会应产生“劳动的政治经济学”。中国特色社会主义政治经济学不应是以资本为中心或核心，而是应“以人民为中心”、以“劳动”为核心概念来全面构建创新的理论体系。同时，要依据我国的鲜活实践，科学地丰富和拓展原有概念、不断创新概念。

另外，《资本论》的主要任务是揭示资本主义生产关系和市场经济发展的经济规律和运行机制。其中，既有只适合资本主义市场经济的独特理论，如通过延长工作日和提高劳动强度来提高私人剩余价值率的绝对剩余价值理论、关于资本主义经济危机和周期性的理论等；也有适合任何社会的一般理论，如生产力的多要素及其关系理论、生产关系的多层面及其统一理论、生产力与生产关系的矛盾运动理论等；另有直接适合社会主义市场经济的有用理论，如价值规律的基本内涵和实现形式理论、资本循环和周转理论、简单再生产和扩大再生产的公式和理论等；还有适合社会主义市场经济而需要拓展的理论，如把私人企业单纯追求私人剩余价值的生产目的扩展为公有制企业的双重生产目的理论、把单纯市场调节扩展为市场与政府的双重调节理论等。同时，更需要弘扬《资本论》方法论，独创适合社会主义市场经济的全新理论，如生产资料国家所有制和集体所有制如何与市场经济有效结合理论、按劳分配如何与市场经济结合理论、我国如何在内外双向开放中引领经济全球化理论等。正如习近平在讲到学习马克思主义政治经济学基本原理和方法论时所强调的：要立足我国国情和我国发展实践，揭示新特点新规律，提炼和总结我国经济发展实践的规律性成果，把实践经验上升为系统化的经济学说，不断开拓当代中国马克思主义政治经济学新境界。

最后，《资本论》是“工人阶级的圣经”，是站在工人阶级和广大人民的立场上的理论。习近平指出：“坚持以人民为中心的发展思想，这是马克思主义政治经济学的根本立场。”中国特色社会主义政治经济学的学术立场和宗旨理应以人民为中心，其实质是人民经济学，即要构建以人民共富共享共福为目标、以人民生产力发展为中心、以人民全面自由发展为动力、以人民公有制为主体、以人民劳动分配为主体、以人民自主开放为战略、以人民国家（政府）调控为主导的社会主义市场经济理论体系，从而区别于以垄断资产阶级为中心的当代西方主流经济学。正如马克思所点明的，社会主义的目的是要促进“所有人的幸福”，而“英国资产阶级将被迫在印度实行的一切，既不会使人民群众得到解放，也不会根本改善他们的社会状况，因为这两者不仅仅决定于生产力的发展，而且还决定于生产力是否归人民所有”①。这意味着资产阶级及其经济学研究财富、资源配置、生产力和经济制度等的立场和宗旨，并非是以人民为中心来积极实现人民所有和人民共富共享共福。

① 《马克思恩格斯全集》第 12 卷，人民出版社 1998 年版，第 250 页。

《资本论》精选*

* 该部分为《资本论》部分内容精选摘录，原文中批注这里不再体现。

《资本论》第一卷（精选）

第 一 篇
商品和货币

第 一 章
商　　品

1. 商品的两个因素：使用价值和价值（价值实体，价值量）

资本主义生产方式占统治地位的社会的财富，表现为“庞大的商品堆积”，单个的商品表现为这种财富的元素形式。因此，我们的研究就从分析商品开始。

商品首先是一个外界的对象，一个靠自己的属性来满足人的某种需要的物。这种需要的性质如何，例如是由胃产生还是由幻想产生，是与问题无关的。这里的问题也不在于物怎样来满足人的需要，是作为生活资料即消费品来直接满足，还是作为生产资料来间接满足。

交换价值首先表现为一种使用价值同另一种使用价值相交换的量的关系或比例，这个比例随着时间和地点的不同而不断改变。因此，交换价值好像是一种偶然的、纯粹相对的东西，也就是说，商品固有的、内在的交换价值似乎是一个形容语的矛盾。

这种共同东西不可能是商品的几何的、物理的、化学的或其他的天然属性。商品的物体属性只是就它们使商品有用，从而使商品成为使用价值来说，才加以考虑。另一方面，商品交换关系的明显特点，正在于抽去商品的使用价值。在商品交换关系中，只要比例适当，一种使用价值就和其他任何一种使用价值完全相等。

如果把商品体的使用价值撇开，商品体就只剩下一个属性，即劳动产品这个属性。可是劳动产品在我们手里也已经起了变化。如果我们把劳动产品的使用价值抽去，那么也就是把那些使劳动产品成为使用价值的物体的组成部分和形式抽去……随着劳动产品的有用性质的消失，体现在劳动产品中的各种劳动的有用性质也消失了，因而这些劳动的各种具体形式也消失了。各种劳动不再有什么差别，全都化为相同的人类劳动，抽象人类劳动。

体现在商品世界全部价值中的社会的全部劳动力，在这里是当做一个同一的人类劳动力，虽然它是由无数单个劳动力构成的。每一个这种单个劳动力，同别一个劳动力一样，都是同一的人类劳动力，只要它具有社会平均劳动力的性质，起着这种社会平均劳动力的作用，从而在商品的生产上只使用平均必要劳动时间或社会必要劳动时间。社会必要劳动时间是在现有的社会正常的生产条件下，在社会平均的劳动熟练程度和劳动强度下制造某种使用价值所需要的劳动时间。

因此，如果生产商品所需要的劳动时间不变，商品的价值量也就不变……总之，劳动生产力越高，生产一种物品所需要的劳动时间就越少，凝结在该物品中的劳动量就越小，该物品的价值就越小。相反地，劳动生产力越低，生产一种物品的必要劳动时间就越多，该物品的价值就越大。

一个物可以是使用价值而不是价值。在这个物不是以劳动为中介而对人有用的情况下就是这样。例如，空气、处女地、天然草地、野生林等等。一个物可以有用，而且是人类劳动产品，但不是商品。谁用自己的产品来满足自己的需要，他生产的虽然是使用价值，但不是商品。要生产商品，他不仅要生产使用价值，而且要为别人生产使用价值，即生产社会的使用价值……最后，没有一个物可以是价值而不是使用物品。如果物没有用，那么其中包含的劳动也就没有用，不能算做劳动，因此不形成价值。

2. 体现在商品中的劳动的二重性

商品中包含的劳动的这种二重性，是首先由我批判地证明的。这一点是理解政治经济学的枢纽，因此，在这里要较详细地加以说明。

各种使用价值或商品体的总和，表现了同样多种的、按照属、种、科、亚种、变种分类的有用劳动的总和，即表现了社会分工。这种分工是商品生产存在的条件……只有独立的互不依赖的私人劳动的产品，才作为商品互相对立。

比较复杂的劳动只是自乘的或不如说多倍的简单劳动，因此，少量的复杂劳动等于多量的简单劳动……各种劳动化为当做它们的计量单位的简单劳动的不同比例，是在生产者背后由社会过程决定的，因而在他们看来，似乎是由习惯确定的。

更多的使用价值本身就是更多的物质财富，两件上衣比一件上衣多。两件上衣可以两个人穿，一件上衣只能一个人穿，依此类推。然而随着物质财富的量的增长，它的价值量可能同时下降。这种对立的运动来源于劳动的二重性……同一劳动在同样的时间内提供的价值量总是相同的。但它在同样的时间内提供的使用价值量是不同的：生产力提高时就多些，生产力降低时就少些。因此，那种能提高劳动成效从而增加劳动所提供的使用价值量的生产力变化，如果会缩减生产这个使用价值量所必需的劳动时间的总和，就会减少这个增大了的总量的价值量。反之亦然。

3. 价值形式或交换价值

商品是以铁、麻布、小麦等等使用价值或商品体的形式出现的。这是它们的日常的自然形式。但它们所以是商品，只因为它们是二重物，既是使用物品又是价值承担者。因此，它们表现为商品或具有商品的形式，只是由于它们具有二重的形式，即自然形式和价值形式。

A. 简单的、个别的或偶然的价值形式

x 量商品 A=y 量商品 B，或 x 量商品 A 值 y 量商品 B。

（20 码麻布 =1 件上衣，或 20 码麻布值 1 件上衣。）

（1）价值表现的两极：相对价值形式和等价形式

一切价值形式的秘密都隐藏在这个简单的价值形式中。因此，分析这个形式确实困难。

两个不同种的商品 A 和 B，如我们例子中的麻布和上衣，在这里显然起着两种不同的作用。麻布通过上衣表现自己的价值，上衣则成为这种价值表现的材料。前一个商品起主动作用，后一个商品

起被动作用。前一个商品的价值表现为相对价值，或者说，处于相对价值形式。后一个商品起等价物的作用，或者说，处于等价形式。

相对价值形式和等价形式是同一价值表现的互相依赖、互为条件、不可分离的两个要素，同时又是同一价值表现的互相排斥、互相对立的两端即两极；这两种形式总是分配在通过价值表现互相发生关系的不同的商品上。

（2）相对价值形式

(a) 相对价值形式的内容

要发现一个商品的简单价值表现怎样隐藏在两个商品的价值关系中，首先必须完全撇开这个价值关系的量的方面来考察这个关系。

这两个被看做质上等同的商品所起的作用是不同的。只有麻布的价值得到表现。是怎样表现的呢？是通过同上衣的关系，把上衣当做它的“等价物”，或与它“能交换的东西”。在这个关系中，上衣是价值的存在形式，是价值物，因为只有作为价值物，它才是与麻布相同的。另一方面，麻布自身的价值存在显示出来了，或得到了独立的表现，因为只有作为价值，麻布才能把上衣当做等值的东西，或与它能交换的东西。

在上衣成为麻布的等价物的价值关系中，上衣形式起着价值形式的作用……作为使用价值，麻布是在感觉上与上衣不同的物；作为价值，它却是“与上衣等同的东西”，因而看起来就像上衣。麻布就这样取得了与它的自然形式不同的价值形式。

(b) 相对价值形式的量的规定性

凡是价值要被表现的商品，都是一定量的使用物品……这一定量的商品包含着一定量的人类劳动。因而，价值形式不只是要表现价值一般，而且要表现一定量的价值，即价值量。

价值量的实际变化不能明确地，也不能完全地反映在价值量的相对表现即相对价值量上。即使商品的价值不变，它的相对价值也可能发生变化。即使商品的价值发生变化，它的相对价值也可能不变，最后，商品的价值量和这个价值量的相对表现同时发生的变化，完全不需要一致。

（3）等价形式

我们说过，当商品 A（麻布）通过不同种商品 B（上衣）的使用价值表现自己的价值时，它就使商品 B 取得一种独特的价值形式，即等价形式……一个商品的等价形式就是它能与另一个商品直接交换的形式。

商品的自然形式成为价值形式……因为任何商品都不能把自己当做等价物来同自己发生关系，因而也不能用它自己的自然外形来表现它自己的价值，所以它必须把另一商品当做等价物来同它发生关系，或者使另一商品的自然外形成为它自己的价值形式。

充当等价物的商品的物体总是当做抽象人类劳动的化身，同时又总是某种有用的、具体的劳动的产品……在麻布的价值表现中，缝劳动的有用性不在于造了衣服，从而造了人，而在于造了一种物体，使人们能看出它是价值，因而是与对象化在麻布价值内的劳动毫无区别的那种劳动的凝结。要造这样一面反映价值的镜子，缝劳动本身就必须只是反映它作为人类劳动的这种抽象属性。

等价形式的第二个特点，就是具体劳动成为它的对立面即抽象人类劳动的表现形式。

既然这种具体劳动，即缝，只是当做无差别的人类劳动的表现，它就具有与别种劳动即麻布中包含的劳动等同的形式……正因为这样，它才表现在一种能与别种商品直接交换的产品上。可见，等价形式的第三个特点，就是私人劳动成为它的对立面的形式，成为直接社会形式的劳动。

（4）简单价值形式的总体

一个商品的简单价值形式包含在它与一个不同种商品的价值关系或交换关系中。商品 A 的价值，通过商品 B 能与商品 A 直接交换而在质上得到表现，通过一定量的商品 B 能与既定量的商品 A 交换而在量上得到表现……孤立地考察，它决没有这种形式，而只有同第二个不同种的商品发生价值关系或交换关系时，它才具有这种形式。

更仔细地考察一下商品 A 同商品 B 的价值关系中所包含的商品 A 的价值表现，就会知道，在这一关系中商品 A 的自然形式只是充当使用价值的形态，而商品 B 的自然形式只是充当价值形式或价值形态……在这个关系中，价值要被表现的商品只是直接当做使用价值，而另一个表现价值的商品只是直接当做交换价值。所以，一个商品的简单的价值形式，就是该商品中所包含的使用价值和价值的对立的简单表现形式。

B. 总和的或扩大的价值形式

z 量商品 A=u 量商品 B，或 =v 量商品 C，或 =w 量商品 D，

或 =x 量商品 E，或 = 其他

(20 码麻布 =1 件上衣，或 =10 磅茶叶，或 =40 磅咖啡，或 =1 夸特小麦，或 =2 盎司金，或 = $\frac{1}{2}$ 吨铁。或 = 其他)

(1) 扩大的相对价值形式

一个商品例如麻布的价值表现在商品世界的其他无数的元

素上。每一个其他的商品体都成为反映麻布价值的镜子。这样，这个价值本身才真正表现为无差别的人类劳动的凝结。因为形成这个价值的劳动现在十分清楚地表现为这样一种劳动，其他任何一种人类劳动都与之等同，而不管其他任何一种劳动具有什么样的自然形式，即不管它是对象化在上衣、小麦、铁或金等等之中。因此，现在麻布通过自己的价值形式，不再是只同另一种个别商品发生社会关系，而是同整个商品世界发生社会关系。

（2）特殊等价形式

每一种商品，上衣、茶叶、小麦、铁等等，都在麻布的价值表现中充当等价物，因而充当价值体。每一种这样的商品的一定的自然形式，现在都成为一个特殊等价形式，与其他许多特殊等价形式并列。同样，种种不同的商品体中所包含的多种多样的一定的、具体的、有用的劳动，现在只是一般人类劳动的同样多种的特殊的实现形式或表现形式。

（3）总和的或扩大的价值形式的缺点

第一，商品的相对价值表现是未完成的，因为它的表现系列永无止境。每当新出现一种商品，从而提供一种新的价值表现的材料时，由一个个的价值等式联结成的锁链就会延长。第二，这条锁链形成一幅由互不关联的而且种类不同的价值表现拼成的五光十色的镶嵌画。最后，像必然会发生的情形一样，如果每一个商品的相对价值都表现在这个扩大的形式中，那么，每一个商品的相对价值形式都是一个不同于任何别的商品的相对价值形式的无穷无尽的价值表现系列……每个特殊的商品等价物中包含的一定的、具体的、有用的劳动，都只是人类劳动的特殊的因而是不充分的表现形式。诚然，人类劳动在这些特殊表现形式的总和中，获得自己的完全的或者总和的表现形式。但是它还没有获得统一的表现形式。

事实上，如果一个人用他的麻布同其他许多商品交换，从而把麻布的价值表现在一系列其他的商品上，那么，其他许多商品占有者也就必然要用他们的商品同麻布交换，从而把他们的各种不同的商品的价值表现在同一个第三种商品麻布上……把事实上已经包含在这个系列中的相反关系表示出来，我们就得到：

C. 一般价值形式

<table>
<tr><td>1件上衣＝</td><td rowspan="8">20码麻布</td></tr>
<tr><td>10磅茶叶＝</td></tr>
<tr><td>40磅咖啡＝</td></tr>
<tr><td>1夸特小麦＝</td></tr>
<tr><td>2盎司金＝</td></tr>
<tr><td>$\frac{1}{2}$吨铁＝</td></tr>
<tr><td>X量商品A＝</td></tr>
<tr><td>等等</td></tr>
</table>

（1）价值形式的变化了的性质

第一种形式和第二种形式二者都只是使一种商品的价值表现为一种与它自身的使用价值或商品体不同的东西。

新获得的形式使商品世界的价值表现在从商品世界中分离出来的同一种商品上，例如表现在麻布上，因而使一切商品的价值都通过它们与麻布等同而表现出来。每个商品的价值作为与麻布等同的东西，现在不仅与它自身的使用价值相区别，而且与一切使用价值相区别，正因为这样才表现为它和一切商品共有的东西。

现在，一切商品，在与麻布等同的形式上，不仅表现为在质上等同，表现为价值一般。而且同时也表现为在量上可以比较的价值量。由于它们都通过同一个材料，通过麻布来反映自己的价值量，这些价值量也就互相反映。

（2）相对价值形式和等价形式的发展关系

等价形式的发展程度是同相对价值形式的发展程度相适应的。但是必须指出，等价形式的发展只是相对价值形式发展的表现和结果。

一个商品的简单的或个别的相对价值形式使另一个商品成为个别的等价物。扩大的相对价值形式，即一个商品的价值在其他一切商品上的表现，赋予其他一切商品以种种不同的特殊等价物的形式。最后，一种特殊的商品获得一般等价形式，因为其他一切商品使它成为它们统一的、一般的价值形式的材料。

价值形式本身发展到什么程度，它的两极即相对价值形式和等价形式之间的对立，也就发展到什么程度。

（3）从一般价值形式到货币形式的过渡

一般等价形式是价值本身的一种形式。因此，它可以属于任何一种商品。另一方面，一个商品处于一般等价形式（第三种形式），是因为而且只是因为它被其他一切商品当做等价物排挤出来。这种排挤的结果最终只剩下一种独特的商品，从这个时候起，商品世界的统一的相对价值形式才获得客观的固定性和一般的社会效力。

等价形式同这种独特商品的自然形式社会地结合在一起，这种独特商品成了货币商品，或者执行货币的职能。在商品世界起一般等价物的作用就成了它特有的社会职能，从而成了它的社会独占权。在第二种形式中充当麻布的各种特殊等价物，而在第三种形式中把自己的相对价值共同用麻布来表现的各个商品中间，有一个特定的商品在历史过程中夺得了这个特权地位，这就是金。因此，我们在第三种形式中用商品金代替商品麻布，就得到：

D. 货币形式

$$\left.\begin{array}{l} 20\text{ 码 麻 布} = \\ 1\text{ 件 上 衣} = \\ 10\text{ 磅 茶 叶} = \\ 40\text{ 磅 咖 啡} = \\ 1\text{ 夸特小麦} = \\ \frac{1}{2}\text{ 吨 铁} = \\ X\text{ 量商品 } A = \end{array}\right\} 2\text{ 盎司金}$$

金能够作为货币与其他商品相对立，只是因为它早就作为商品与它们相对立。与其他一切商品一样，它过去就起等价物的作用……渐渐地，它就在或大或小的范围内起一般等价物的作用。一旦它在商品世界的价值表现中独占了这个地位，它就成为货币商品。只是从它已经成为货币商品的时候起，第四种形式才同第三种形式区别开来，或者说，一般价值形式才转化为货币形式。

4. 商品的拜物教性质及其秘密

商品形式在人们面前把人们本身劳动的社会性质反映成劳动产品本身的物的性质，反映成这些物的天然的社会属性，从而把生产者同总劳动的社会关系反映成存在于生产者之外的物与物之间的社会关系。由于这种转换，劳动产品成了商品，成了可感觉而又超感觉的物或社会的物。正如一物在视神经中留下的光的印象，不是表现为视神经本身的主观兴奋，而是表现为眼睛外面的物的客观形式……在那里，人脑的产物表现为赋有生命的、彼此发生关系并同人发生关系的独立存在的东西。在商品世界里，人手的产物也是这样。我把这叫做拜物教。

第 二 章
交换过程

商品本性的规律通过商品占有者的天然本能表现出来。他们只有使他们的商品同任何另一个作为一般等价物的商品相对立，才能使他们的商品作为价值……通过这个商品来全面表现它们的价值。于是这个商品的自然形式就成为社会公认的等价形式。由于这种社会过程，充当一般等价物就成为被分离出来的商品的独特的社会职能。这个商品就成为货币。

货币结晶是交换过程的必然产物，在交换过程中，各种不同的劳动产品事实上彼此等同，从而事实上转化为商品。交换的扩大和加深的历史过程，使商品本性中潜伏着的使用价值和价值的对立发展起来……可见，随着劳动产品转化为商品，商品就在同一程度上转化为货币。

随着商品交换日益突破地方的限制，从而商品价值日益发展成为一般人类劳动的化身，货币形式也就日益转到那些天然适于执行一般等价物这种社会职能的商品身上，即转到贵金属身上。

第 三 章
货币或商品流通

1. 价值尺度

货币作为价值尺度，是商品内在的价值尺度即劳动时间的必然表现形式。

商品的价格或货币形式，同商品的价值形式本身一样，是一种与商品的可以捉摸的实在的物体形式不同的，因而只是观念的或想象的形式……因此，货币在执行价值尺度的职能时，只是想象的或观念的货币。

价格形式不仅可能引起价值量和价格之间即价值量和它自身的货币表现之间的量的不一致，而且能够包藏一个质的矛盾，以致货币虽然只是商品的价值形式，但价格可以完全不是价值的表现。有些东西本身并不是商品，例如良心、名誉等等，但是也可以被它们的占有者出卖以换取金钱，并通过它们的价格，取得商品形式。因此，没有价值的东西在形式上可以具有价格。在这里，价格表现是虚幻的，就像数学中的某些数量一样。另一方面，虚幻的价格形式……又能掩盖实在的价值关系或由此派生的关系。

2. 流通手段

(a) 商品的形态变化

商品交换过程是在两个互相对立、互为补充的形态变化中完成的：从商品转化为货币，又从货币转化为商品。商品形态变化的两个因素同时就是商品占有者的两种行为，一种是卖，把商品换成货币，一种是买，把货币换成商品，这两种行为的统一就是：为买而卖。

因此，商品的交换过程是在下列的形式变换中完成的：

商品—货币—商品

W—G—W

W—G。商品的第一形态变化或卖……一种特殊的劳动操作，昨天还是同一个商品生产者许多职能中的一种职能，今天就可能脱离这种联系，独立起来，从而把它的局部产品当做独立商品送到市场上去。这个分离过程的条件可能已经成熟，或者可能尚未成熟。某种产品今天满足一种社会需要，明天就可能全部地或部分地被一种类似的产品排挤掉……事实上，每一码的价值也只是同种人类劳动的同一的社会规定的量的化身。

G—W。商品的第二形态变化，或最终的形态变化：买。因为货币是其他一切商品的转换形态，或者说，是它们普遍让渡的产物，所以它是绝对可以让渡的商品。

商品形态变化的两个相反的运动阶段组成一个循环：商品形式，商品形式的抛弃，商品形式的复归……同样，货币先表现为商品转化成的固定的价值结晶，然后又作为商品的单纯等价形式而消失。

流通所以能够打破产品交换的时间、空间和个人的限制，正是因为它把这里存在的换出自己的劳动产品和换进别人的劳动产品这二者之间的直接的同一性，分裂成卖和买这二者之间的对立……因此，这些形式包含着危机的可能性，但仅仅是可能性。这种可能性要发展为现实，必须有整整一系列的关系，从简单商品流通的观点来看，这些关系还根本不存在。

(b) 货币的流通

商品流通直接赋予货币的运动形式，就是货币不断地离开起点，就是货币从一个商品占有者手里转到另一个商品占有者手里，或者说，就是货币流通。

货币流通表示同一个过程的不断的、单调的重复。商品总是在卖者方面，货币总是作为购买手段在买者方面。货币作为购买手段执行职能，是在它实现商品的价格的时候。而货币在实现商品的价格的时候，把商品从卖者手里转到买者手里，同时自己也从买者手里离开，到了卖者手里，以便再去同另一个商品重复同样的过程。

每一个商品在流通中走第一步，即进行第一次形式变换，就退出流通，而总有新的商品进入流通。相反，货币作为流通手段却不断地留在流通领域，不断地在那里流动。于是产生了一个问题，究竟有多少货币不断地被流通领域吸收。

既然货币流通只是表现商品流通过程，即商品通过互相对立的形态变化而实现的循环，那么货币流通的速度也就表现商品形式变换的速度，表现形态变化系列的不断交错，表现物质变换的迅速，表现商品迅速退出流通领域并同样迅速地为新商品所代替……相反，货币流通的缓慢则表现这两个过程分离成互相对立的独立阶段，表现形式变换的停滞，从而表现物质变换的停滞。至于这种停滞由什么产生，从流通本身当然看不出来。流通只是表示出这种现象本身。一般人在货币流通迟缓时看到货币在流通领域各点上出没的次数减少，就很容易用流通手段量不足来解释这种现象。

（c）铸币。价值符号

正像确立价格标准一样，铸造硬币也是国家的事。金银作为铸币穿着不同的国家制服，但它们在世界市场上又脱掉这些制服。这就表明，商品流通的国内领域或民族领域，同它们的普遍的世界市场领域是分开的。

这里讲的只是强制流通的国家纸币……正如本来意义的纸币是从货币作为流通手段的职能中产生出来一样，信用货币的自然根源是货币作为支付手段的职能。

这一规律简单说来就是：纸币的发行限于它象征地代表的金（或银）的实际流通的数量。诚然，流通领域所能吸收的金量经常变动，时常高于或低于一定的平均水平……这种情况当然丝毫不会影响这个量的大小和它在流通领域内的不断流动。因此，这个最低限量可以由纸做的象征来代替。但是，如果今天一切流通渠道中的纸币已达到这些渠道所能吸收货币的饱和程度，那么明天这些渠道就会因商品流通的波动而发生泛滥。一切限度都消失了。

在货币不断转手的过程中，单有货币的象征存在就够了。货币的职能存在可以说吞掉了它的物质存在。货币作为商品价格的转瞬即逝的客观反映，只是当做它自己的符号来执行职能，因此也能够由符号来代替。

3. 货币

作为价值尺度并因而以自身或通过代表作为流通手段来执行职能的商品，是货币……它不像在充当价值尺度时那样纯粹是观念的，也不像在充当流通手段时那样可以用别的东西来代表；另一方面是在这样的场合：它的职能——不论由它亲自执行，还是由它的代表执行——使它固定成为惟一的价值形态，成为交换价值的惟一适当的存在，而与其他一切仅仅作为使用价值的商品相对立。

(a) 货币贮藏

两种对立的商品形态变化的不断循环，或卖与买的不息转换，表现在不停的货币流通上，或表现在货币作为流通的永动机的职能上。

随着商品流通本身的最初发展，把第一形态变化的产物，商品的转化形态或它的金蛹保留在自己手中的必要性和欲望也发展起来了。出售商品不是为了购买商品，而是为了用货币形式来代替商品形式。这一形式变换从物质变换的单纯中介变成了目的本身。商品的转换形态受到阻碍，不能再作为商品的绝对可以让渡的形态或作为只是转瞬即逝的货币形式而起作用。于是货币硬化为贮藏货币，商品出售者成为货币贮藏者。

随着商品生产的进一步发展，每一个商品生产者都必须握有这个物的神经，这个“社会的抵押品”……随着商品流通的扩展，货币——财富的随时可用的绝对社会形式——的权力增大了。

(b) 支付手段

一种商品需要的生产时间较长，另一种商品需要的生产时间较短。不同的商品的生产与不同的季节有关……当同样一些交易总是在同一些人中间反复进行时，商品的出售条件就按照商品的生产条件来调节。另一方面，某些种类的商品例如房屋的使用权是出卖一定期限的。买者只是在期满时才真正取得了商品的使用价值。因而他先购买商品，后对商品支付。一个商品占有者出售他现有的商品，而另一个商品占有者却只是作为货币的代表或作为未来货币的代表来购买这种商品。卖者成为债权人，买者成为债务人。由于商品的形态变化或商品的价值形式的发展在这里起了变化，货币也就取得了另一种职能。货币成了支付手段。

债权人或债务人的角色在这里是从简单商品流通中产生的……而这两种角色还可以不依赖商品流通而出现……货币形式——债权人和债务人的关系具有货币关系的形式——所反映的不过是更深刻的经济生活条件的对抗。

货币作为支付手段的职能包含着一个直接的矛盾。在各种支付互相抵消时，货币就只是在观念上执行计算货币或价值尺度的职能……这种矛盾在生产危机和商业危机中称为货币危机的那一时刻暴露得特别明显。这种货币危机只有在一个接一个的支付的锁链和抵消支付的人为制度获得充分发展的地方，才会发生……在危机时期，商品和它的价值形态（货币）之间的对立发展成绝对矛盾。

信用货币是直接从货币作为支付手段的职能中产生的。由出售商品得到的债券本身又因债权的转移而流通。另一方面，随着信用事业的扩大，货币作为支付手段的职能也在扩大。作为支付手段的货币取得了它特有的各种存在形式，并以这些形式占据了大规模交易的领域，而金银铸币则主要被挤到小额贸易的领域中去。

(c) 世界货币

世界货币作为一般支付手段、一般购买手段和一般财富的绝对社会化身执行职能。它的最主要的职能，是作为支付手段平衡国际贸易差额。

金银的流动是二重的。一方面，金银从产地分散到整个世界市场，在那里，在不同程度上为不同国家的流通领域所吸收，以便进入国内流通渠道，补偿磨损了的金银铸币，供给奢侈品的材料，并且凝固为贮藏货币。

资产阶级生产发达的国家把大量集中在银行准备库内的贮藏货币，限制在它执行各种特殊职能所必需的最低限度以内。除了某些例外，如果准备库内的货币贮藏大大超过平均水平，那就表明商品流通停滞了，或者商品形态变化的流动中断了。

第 二 篇
货币转化为资本

第 四 章
货币转化为资本

1. 资本的总公式

商品流通的直接形式是 W—G—W，商品转化为货币，货币再转化为商品，为买而卖。但除这一形式外，我们还看到具有不同特点的另一形式 G—W—G，货币转化为商品，商品再转化为货币，为卖而买。在运动中通过这后一种流通的货币转化为资本，成为资本，而且按它的使命来说，已经是资本。

在 W—G—W 这个流通中，货币最后转化为充当使用价值的商品。于是，货币就最终花掉了。而在 G—W—G 这个相反的形式中，买者支出货币，却是为了作为卖者收入货币。他购买商品，把货币投入流通，是为了通过出卖这同一商品，从流通中再取回货币。他拿出货币时，就蓄意要重新得到它。因此，货币只是被预付出去。

一旦出卖一种商品所得到的货币又被用去购买另一种商品，W—G—W 的循环就全部结束。如果货币又流回到起点，那只是由于整个过程的更新或重复……在 **W—G—W** 这个流通中，货币的支出和货币的流回没有任何关系。相反，在 **G—W—G** 中，货币的流回是由货币支出的性质本身决定的。没有这种流回，活动就失败了，或者过程就中断而没有完成，因为它的第二阶段，即作为买的补充和完成的卖没有实现。

为买而卖的过程的重复或更新，与这一过程本身一样，以达到这一过程以外的最终目的，即消费或满足一定的需要为限。相反，在为卖而买的过程中，开端和终结是一样的，都是货币，都是交换价值，单是由于这一点，这种运动就已经是没有止境的了……作为资本的货币的流通本身就是目的，因为只是在这个不断更新的运动中才有价值的增殖。因此，资本的运动是没有限度的。

2. 总公式的矛盾

货币羽化为资本的流通形式，是和前面阐明的所有关于商品、价值、货币和流通本身的性质的规律相矛盾的。它和简单商品流通相区别的地方，在于同样两个对立过程（卖和买）的次序相反。但这种纯粹形式上的区别，是用什么魔法使这一过程的性质改变的呢?

人们购买商品不是付两次钱：一次是为了它的使用价值，一次是为了它的价值。如果说商品的使用价值对买者比对卖者更有用……买者把商人的袜子转化为货币，严格说来，就是完成一种“生产活动”。

在流通中，生产者和消费者只是作为卖者和买者相对立。说生产者得到剩余价值是由于消费者付的钱超过了商品的价值，那不过是把商品占有者作为卖者享有贵卖的特权这个简单的命题加以伪装罢了……他们的区别在于，一个是买，一个是卖。商品占有者在生产者的名义下高于商品价值出卖商品，在消费者的名义下对商品付出高价，这并不能使我们前进一步。

无论怎样颠来倒去，结果都是一样。如果是等价物交换，不产生剩余价值；如果是非等价物交换，也不产生剩余价值。流通或商品交换不创造价值。

G—W—G′ 的形式，为贵卖而买，在本来意义的商业资本中表现得最纯粹。另一方面，它的整个运动是在流通领域内进行的。但是，因为不能从流通本身来说明货币转化为资本，说明剩余价值的形成，所以只要是等价物相交换，商业资本看来是不可能存在的；因而，商业资本只能这样来解释：寄生在购买的商品生产者和售卖的商品生产者之间的商人对他们双方进行欺骗……如果不应单纯用对商品生产者的欺骗来说明商业资本的增殖，那就必须举出一长串的中间环节，但是在这里，商品流通及其简单要素是我们唯一的前提，因此这些环节还完全不存在。

因此，资本不能从流通中产生，又不能不从流通中产生。它必须既在流通中又不在流通中产生。

这样，就得到一个双重的结果。

货币转化为资本，必须根据商品交换的内在规律来加以说明，因此等价物的交换应该是起点。我们那位还只是资本家幼虫的货币占有者，必须按商品的价值购买商品，按商品的价值出卖商品，但他在过程终了时取出的价值必须大于他投入的价值。他变为蝴蝶，必须在流通领域中，又必须不在流通领域中。这就是问题的条件。这里是罗陀斯，就在这里跳跃吧！

3. 劳动力的买和卖

要使货币占有者在市场上找到作为商品的劳动力，就必须具备各种条件。商品交换本身除了包含由它自己的性质所产生的从属关系以外，不包含任何其他从属关系。在这种前提下，劳动力只有而且只是因为被它自己的占有者即有劳动力的人当做商品出售或出卖，才能作为商品出现在市场上。劳动力占有者要把劳动力当做商品出卖，他就必须能够支配它，从而必须是自己的劳动能力、自己人身的自由所有者。劳动力占有者和货币占有者在市场上相遇，彼此作为身份平等的商品占有者发生关系，所不同的只是一个是买者，一个是卖者，因此双方是在法律上平等的人。这种关系要保持下去，劳动力所有者就必须始终把劳动力只出卖一定时间……他必须始终让买者只是在一定期限内暂时支配他的劳动力，消费他的劳动力，就是说，他在让渡自己的劳动力时不放弃自己对它的所有权。

为什么这个自由工人在流通领域中同货币占有者相遇，对这个问题货币占有者不感兴趣。他把劳动市场看做是商品市场的一个特殊部门……它本身显然是已往历史发展的结果，是许多次经济变革的产物，是一系列陈旧的社会生产形态灭亡的产物。

第 三 篇
绝对剩余价值的生产

第 五 章
劳动过程和价值增殖过程

1. 劳动过程

劳动过程的简单要素是：有目的的活动或劳动本身，劳动对象和劳动资料。

土地（在经济学上也包括水）最初以食物，现成的生活资料供给人类，它未经人的协助，就作为人类劳动的一般对象而存在。所有那些通过劳动只是同土地脱离直接联系的东西，都是天然存在的劳动对象。例如从鱼的生活要素即水中分离出来的即捕获的鱼，在原始森林中砍伐的树木，从地下矿藏中开采的矿石。相反，已经被以前的劳动可以说滤过的劳动对象，我们称为原料。例如，已经开采出来正在洗的矿石。一切原料都是劳动对象，但并非任何劳动对象都是原料。劳动对象只有在它已经通过劳动而发生变化的情况下，才是原料。

劳动资料是劳动者置于自己和劳动对象之间、用来把自己的活动传导到劳动对象上去的物或物的综合体。劳动者利用物的机械的、物理的和化学的属性，以便把这些物当做发挥力量的手段，依照自己的目的作用于其他的物。劳动者直接掌握的东西、不是劳动对象，而是劳动资料（这里不谈采集果实之类的现成的生活资料，在这种场合，劳动者身体的器官是唯一的劳动资料）。这样，自然物本身就成为他的活动的器官，他把这种器官加到他身体的器官上，不顾圣经的训诫，延长了他的自然的肢体。土地是他的原始的食物仓，也是他的原始的劳动资料库。

广义地说，除了那些把劳动的作用传达到劳动对象，因而以这种或那种方式充当活动的传导体的物以外，劳动过程的进行所需要的一切物质条件也都算做劳动过程的资料。它们不直接加入劳动过程，但是没有它们，劳动过程就不能进行，或者只能不完全地进行。土地本身又是这类一般的劳动资料，因为它给劳动者提供立足之地，给他的劳动过程提供活动场所。这类劳动资料中有的已经经过劳动的改造，例如厂房、运河、道路等等。

可见，在劳动过程中，人的活动借助劳动资料使劳动对象发生预定的变化。过程消失在产品中。它的产品是使用价值，是经过形式变化而适合人的需要的自然物质。劳动与劳动对象结合在一起。劳动对象化了，而对象被加工了。在劳动者方面曾以动的形式表现出来的东西，现在在产品方面作为静的属性，以存在的形式表现出来。劳动者纺纱，产品就是纺成品。

如果整个过程从其结果的角度，从产品的角度加以考察，那么劳动资料和劳动对象二者表现为生产资料，劳动本身则表现为生产劳动。

2. 价值增殖过程

在劳动过程中，劳动不断由动的形式转为存在形式，由运动形式转为对象性形式。一小时终了时，纺纱运动就表现为一定量的棉纱，于是一定量的劳动，即一个劳动小时，对象化在棉花中。我们说劳动小时，也就是纺纱工人的生命力在一小时内的耗费，因为在这里，纺纱劳动只有作为劳动力的耗费，而不是作为纺纱这种特殊劳动才具有意义。

我们的资本家早就预见到了这种情况，这正是他发笑的原因。因此，工人在工场中遇到的，不仅是 6 小时而且是 12 小时劳动过程所必需的生产资料……带来了 3 先令的剩余价值。戏法终于变成了。货币转化为资本了。

第 六 章
不变资本和可变资本

转变为生产资料即原料、辅助材料、劳动资料的那部分资本，在生产过程中并不改变自己的价值量。因此，我把它称为不变资本部分，或简称为不变资本。

相反，转变为劳动力的那部分资本，在生产过程中改变自己的价值。它再生产自身的等价物和一个超过这个等价物而形成的余额，剩余价值。这个剩余价值本身是可以变化的，是可大可小的。这部分资本从不变量不断转化为可变量。因此，我把它称为可变资本部分，或简称为可变资本。

第 七 章
剩余价值率

1. 劳动力的剥削程度

因为可变资本的价值等于它所购买的劳动力的价值，因为这个劳动力的价值决定工作日的必要部分，而剩余价值又由工作日的剩余部分决定，所以从这里可以得出结论：剩余价值和可变资本之比等于剩余劳动和必要劳动之比……这两个比率把同一种关系表现在不同的形式上：一种是对象化劳动的形式，另一种是流动劳动的形式。

第八章
工作日

1. 工作日的界限

我们看到，撇开弹性很大的界限不说，商品交换的性质本身没有给工作日规定任何界限，因而没有给剩余劳动规定任何界限。资本家要坚持他作为买者的权利，他尽量延长工作日，如果可能，就把一个工作日变成两个工作日。另一方面，这个已经卖出的商品的独特性质给它的买者规定了一个消费的界限，并且工人也要坚持他作为卖者的权利，他要求把工作日限制在一定的正常量内……在资本主义生产的历史上，工作日的正常化过程表现为规定工作日界限的斗争，这是全体资本家即资本家阶级和全体工人即工人阶级之间的斗争。

第四篇
相对剩余价值的生产

第十章
相对剩余价值的概念

商品的绝对价值本身，是生产商品的资本家所不关心的。他关心的只是商品所包含的、在出售时实现的剩余价值。剩余价值的实现自然就包含着预付价值的补偿……所以这就解开了一个谜：为什么只是关心生产交换价值的资本家，总是力求降低商品的交换价值；这也就是政治经济学奠基人之一魁奈用来为难他的论敌、而后者至今还没有回答的那个矛盾。

可见，在资本主义生产条件下，通过发展劳动生产力来节约劳动，目的决不是为了缩短工作日。它的目的只是为了缩短生产一定量商品所必要的劳动时间。

第十一章
协　作

即使许多人只是在空间上集合在一起，并不协同劳动，这种生产资料也不同于单干的独立劳动者或小业主的分散的并且相对地说花费大的生产资料，而取得了社会劳动的条件或劳动的社会条件这种性质。一部分劳动资料甚至在劳动过程本身取得这种社会性质以前，就已经取得这种社会性质。

许多人在同一生产过程中，或在不同的但互相联系的生产过程中，有计划地一起协同劳动，这种劳动形式叫做协作。

第十二章
分工和工场手工业

1. 工场手工业的二重起源

工场手工业的产生方式，它由手工业形成的方式，是二重的。一方面，它以不同种的独立手工业的结合为出发点，这些手工业非独立化和片面化到了这种程度，以致它们在同一个商品的生产过程中成为只是互相补充的局部操作。另一方面，工场手工业以同种手工业者的协作为出发点，它把这种个人手工业分成各种不同的特殊操作，使之孤立和独立化到这种程度，以致每一种操作成为一个特殊工人的专门职能。因此，一方面工场手工业在生产过程中引进了分工，或者进一步发展了分工，另一方面它又把过去分开的手工业结合在一起。但是不管它的特殊的出发点如何，它的最终形态总是一样的：一个以人为器官的生产机构。

2. 局部工人及其工具

工场手工业在工场内部把社会上现存的各种手工业的自然形成的分立再生产出来，并系统地把它发展到极端，从而在实际上生产出局部工人的技艺。另一方面，工场手工业把局部劳动转化为一个人的终生职业，符合以前社会的如下倾向：使手工业变成世袭职业，使它固定为种姓，或当一定历史条件产生与种姓制度相矛盾的个人变化时，使它硬化为行会。

3. 工场手工业的两种基本形式——混成的工场手工业和有机的工场手工业

工场手工业的组织有两种基本形式。这两种形式虽然有时交错在一起，但仍然是两个本质上不同的类别，而且特别在工场手工业后来转化为使用机器的大工业时，起着完全不同的作用。这种二重性起源于制品本身的性质。制品或者是由各个独立的局部产品纯粹机械地装配而成，或者是依次经过一系列互相关联的过程和操作而取得完成的形态。

4. 工场手工业内部的分工和社会内部的分工

社会内部的分工以及个人被相应地限制在特殊职业范围内的现象，同工场手工业内部的分工一样，是从相反的两个起点发展起来的。在家庭内部，随后在氏族内部，由于性别和年龄的差别，也就是在纯生理的基础上产生了一种自然的分工……在文化的初期，以独立资格互相接触的不是个人，而是家庭、氏族等等。不同的共同体在各自的自然环境中，找到不同的生产资料和不同的生活资料……在这里，社会分工是由原来不同而又互不依赖的生产领域之间的交换产生的。而在那里，在以生理分工为起点的地方，直接互相联系的整体的各个特殊器官互相分开和分离，——这个分离过程的主要推动力是同其他公社交换商品，——并且独立起来，以致不同的劳动的联系是以产品作为商品的交换为中介的。在一种场合，原来独立的东西丧失了独立，在另一种场合，原来非独立的东西获得了独立。

5. 工场手工业的资本主义性质

工场手工业分工通过手工业活动的分解，劳动工具的专门化，局部工人的形成以及局部工人在一个总机构中的分组和结合，造成了社会生产过程的质的划分和量的比例，从而创立了社会劳动的一定组织，这样就同时发展了新的、社会的劳动生产力。工场手工业分工作为社会生产过程的特殊的资本主义形式，——它在当时的基础上只能在资本主义的形式中发展起来，——只是生产相对剩余价值即靠牺牲工人来加强资本（人们把它叫做社会财富，“国民财富”等等）自行增殖的一种特殊方法。

第十三章
机器和大工业

1. 机器的发展

劳动资料取得机器这种物质存在方式，要求以自然力来代替人力，以自觉应用自然科学来代替从经验中得出的成规。在工场手工业中，社会劳动过程的组织纯粹是主观的，是局部工人的结合；在机器体系中，大工业具有完全客观的生产有机体，这个有机体作为现成的物质生产条件出现在工人面前……因此，劳动过程的协作性质，现在成了由劳动资料本身的性质所决定的技术上的必要了。

2. 机器的价值向产品的转移

大工业把巨大的自然力和自然科学并入生产过程，必然大大提高劳动生产率，这一点是一目了然的，那么生产力的这种提高并不是靠增加另一方面的劳动消耗换来的，这一点却决不是同样一目了然的。像不变资本的任何其他组成部分一样，机器不创造价值，但它把自身的价值转移到由它的服务所生产的产品上。

第 五 篇
绝对剩余价值和相对剩余价值的生产

第十四章
绝对剩余价值和相对剩余价值

相对剩余价值的生产以特殊的资本主义的生产方式为前提：这种生产方式连同它的方法、手段和条件本身，最初是在劳动在形式上从属于资本的基础上自发地产生和发展的。劳动对资本的这种形式上的从属，又让位于劳动对资本的实际上的从属。

资本主义生产一旦成为前提，在其他条件不变和工作日保持一定长度的情况下，剩余劳动量随劳动的自然条件，特别是随土壤的肥力而变化。但决不能反过来说，最肥沃的土壤最适于资本主义生产方式的生长。资本主义生产方式以人对自然的支配为前提。过于富饶的自然“使人离不开自然的手，就像小孩子离不开引带一样”。它不能使人自身的发展成为一种自然必然性。资本的祖国不是草木繁茂的热带，而是温带。不是土壤的绝对肥力，而是它的差异性和它的自然产品的多样性，形成社会分工的自然基础，并且通过人所处的自然环境的变化，促使他们自己的需要、能力、劳动资料和劳动方式趋于多样化。社会地控制自然力，从而节约地利用自然力，用人力兴建大规模的工程占有或驯服自然力，——这种必要性在产业史上起着最有决定性的作用。

第六篇
工　资

第十七章
劳动力的价值或价格转化为工资

在资产阶级社会的表面上，工人的工资表现为劳动的价格，表现为对一定量劳动支付的一定量货币。在这里，人们说劳动的价值，并把它的货币表现叫做劳动的必要价格或自然价格。另一方面，人们说劳动的市场价格，也就是围绕着劳动的必要价格上下波动的价格。

既然劳动的价值只是劳动力的价值的不合理的用语，那么不言而喻，劳动的价值必定总是小于劳动的价值产品，因为资本家总是使劳动力执行职能的时间超过再生产劳动力本身的价值所需要的时间……而劳动力的价值产品不是由劳动力本身的价值来决定的，而是由劳动力执行职能的时间长短来决定的。这样，我们就会得到一个一看就是荒谬的结果：创造 6 先令价值的劳动有 3 先令价值。

第二十章
工资的国民差异

一个国家的资本主义生产越发达，那里的国民劳动的强度和生产率，就越超过国际水平。因此，不同国家在同一劳动时间内所生产的同种商品的不同量，有不同的国际价值，从而表现为不同的价格，即表现为按各自的国际价值而不同的货币额。所以，货币的相对价值在资本主义生产方式较发达的国家里，比在资本主义生产方式不太发达的国家里要小。由此可以得出结论：名义工资，即表现为货币的劳动力的等价物，在前一种国家会比在后一种国家高；但这决不是说，实际工资即供工人支配的生活资料也是这样。

但是即使撇开不同国家货币价值的这种相对的差异，也常常可以发现，日工资、周工资等等在前一种国家比在后一种国家高，而相对的劳动价格，即同剩余价值和产品价值相比较的劳动价格，在后一种国家却比在前一种国家高。

第七篇
资本的积累过程

第二十一章
简单再生产

不管生产过程的社会的形式怎样，生产过程必须是连续不断的，或者说，必须周而复始地经过同样一些阶段。一个社会不能停止消费，同样，它也不能停止生产。因此，每一个社会生产过程，从经常的联系和它不断更新来看，同时也就是再生产过程。

生产的条件同时也就是再生产的条件。任何一个社会，如果不是不断地把它的一部分产品再转化为生产资料或新生产的要素，就不能不断地生产，即再生产……只有在实物形式上为数量相等的新物品所替换，社会才能在原有的规模上再生产或保持自己的财富，这些新物品要从年产品总量中分离出来，重新并入生产过程。

生产具有资本主义的形式，再生产也就具有同样的形式。在资本主义生产方式下，劳动过程只表现为价值增殖过程的一种手段，同样，再生产也只表现为把预付价值作为资本即作为自行增殖的价值来再生产的一种手段。某个人之所以扮演资本家的经济角色，只是因为他的货币不断地执行资本的职能……各年它必须重复同样的活动。剩余价值作为资本价值的周期增加额或处在过程中的资本的周期果实，取得了来源于资本的收入的形式。

生产过程是以购买一定时间的劳动力作为开端的，每当劳动的售卖期限届满，从而一定的生产期间（如一个星期，一个月等等）已经过去，这种开端就又更新。但是，工人只是在自己的劳动力发挥了作用，把它的价值和剩余价值实现在商品上以后，才得到报酬。因此，工人既生产了我们暂时只看做资本家的消费基金的剩余价值，也生产了付给他自己报酬的基金即可变资本，而后者是在它以工资形式流回到工人手里之前生产的，只有当他不断地再生产这种基金的时候，他才被雇用……这就是工人自己不断再生产的产品中不断以工资形式流回到工人手里的那一部分。

因此，可变资本不过是工人为维持和再生产自己所必需的生活资料基金或劳动基金的一种特殊的历史的表现形式；这种基金在一切社会生产制度下都始终必须由劳动者本身来生产和再生产。劳动基金所以不断以工人劳动的支付手段的形式流回到工人手里，只是因为工人自己的产品不断以资本的形式离开工人。但是劳动基金的这种表现形式丝毫没有改变这样一个事实：资本家把工人自己的对象化劳动预付给工人……他不断再生产自己的劳动基金，而这一劳动基金对他来说，从来也没有采取第三者为换取他的劳动而预付的支付手段的形式。然而，他的无酬的强制的劳动也从来没有采取自愿的和有酬的劳动的形式。

可见，资本主义生产过程，在联系中加以考察，或作为再生产过程加以考察时，不仅生产商品，不仅生产剩余价值，而且还生产和再生产资本关系本身：一方面是资本家，另一方面是雇佣工人。

第二十二章
剩余价值转化为资本

1. 规模扩大的资本主义生产过程。商品生产所有权规律转变为资本主义占有规律

资本价值最初是以货币形式预付的；相反，剩余价值一开始就作为总产品的一定部分的价值而存在。如果总产品卖出去，转化为货币，那么资本价值就又取得了自己最初的形式，而剩余价值则改变了自己最初的存在方式。但是从这时候起，资本价值和剩余价值二者都成了货币额，并且以完全相同的方式重新转化为资本。资本家把这二者都用来购买商品，以便能够重新开始制造自己的产品，而这次是在扩大规模上进行的。

第二十三章
资本主义积累的一般规律

1. 在资本构成不变时，对劳动力的需求随积累的增长而增长

资本的增长包含它的可变组成部分，即转变为劳动力的组成部分的增长。转化为追加资本的剩余价值总要有一部分再转化为可变资本，或追加的劳动基金……所以，资本的积累需要，能够超过劳动力或工人人数的增加，对工人的需要，能够超过工人的供给，这样一来，工资就会提高。只要上述假定一直不变，这种情况最终一定会发生。因为雇用的工人一年比一年多，所以迟早必定会出现这样的时候：积累的需要开始超过通常的劳动供给，于是工资提高……简单再生产不断地再生产出资本关系本身：一方面是资本家，另一方面是雇佣工人，同样，规模扩大的再生产或积累再生产出规模扩大的资本关系：一极是更多的或更大的资本家，另一极是更多的雇佣工人。

第二十四章
所谓原始积累

1. 原始积累的秘密

创造资本关系的过程，只能是劳动者和他的劳动条件的所有权分离的过程，这个过程一方面使社会的生活资料和生产资料转化为资本，另一方面使直接生产者转化为雇佣工人。因此，所谓原始积累只不过是生产者和生产资料分离的历史过程。这个过程所以表现为“原始的”，因为它形成资本及与之相适应的生产方式的前史。

资本主义社会的经济结构是从封建社会的经济结构中产生的。后者的解体使前者的要素得到解放。

《资本论》第二卷（精选）

第一篇
资本形态变化及其循环

第一章
货币资本的循环

资本的循环过程经过三个阶段；根据第一卷的叙述，这些阶段形成如下的序列：

I. 第一阶段 （G—W）

G—W 表示一个货币额转化为一个商品额；对买者来说，是他的货币转化为商品，对卖者来说，则是他们的商品转化为货币。使一般商品流通的这个行为同时成为单个资本的独立循环中一个职能上确定的阶段的，首先不是行为的形式，而是它的物质内容，是那些和货币换位的商品的特殊使用性质。这一方面是生产资料，另一方面是劳动力，即商品生产的物的因素和人的因素。它们的特性，自然要与所生产物品的种类相适应。

虽然在 G—A 行为中，货币占有者和劳动力占有者仅仅作为买者和卖者互相发生关系，仅仅作为货币占有者和商品占有者互相对立，因而就这方面来说，他们互相之间只是处在单纯的货币关系中……这种生产资料是作为他人的财产而和劳动力的占有者相对立的。另一方面，劳动的卖者是作为他人的劳动力而和它的买者相对立的……这种买和卖的前提是：买者是资本家，卖者是雇佣工人。而这种关系所以会发生，是因为劳动力实现的条件——生活资料和生产资料——已经作为他人的财产而和劳动力的所有者相分离了。

其实，货币要执行这种职能，例如这里完成 G—A 行为，需要一定的社会条件，而这种社会条件在简单商品流通和相应的货币流通中是根本不存在的。

II. 第二阶段　生产资本的职能

雇佣工人只能靠出卖劳动力来过活。劳动力的维持，即工人自身的维持，要求每天进行消费。因此，必须每隔一个较短的时期付给他一次报酬，使他能够反复进行为维持自身所需的各种购买，反复进行 A—G—W 或 W—G—W 行为……另一方面，要使广大的直接生产者，广大的雇佣工人能完成 A—G—W 行为，必须不断有必要的生活资料以可买形式即商品形式和他们相对立。因此，这种情况要求产品作为商品的流通已经有了高度的发展，从而商品生产也已经有了广泛的规模。一旦依靠雇佣劳动进行的生产普遍化，商品生产就必然成为生产的普遍形式。商品生产普遍化了，它又使社会的分工不断增进……商品生产的物的条件，会以越来越大的规模作为其他商品生产者的产品，作为商品，和他相对立。资本家也必须以相同的规模作为货币资本家出现，或者说，他的资本必须执行货币资本职能的规模将会扩大。

由于生产资料和劳动力在生产过程中对价值的形成，从而也对剩余价值的生产起着不同的作用，所以它们作为预付资本价值的存在形式，就区分为不变资本和可变资本。其次，作为生产资本的不同的组成部分，它们还有以下的区别：生产资料在它为资本家所有时……正如人类劳动力并非天然是资本一样，生产资料也并非天然是资本。只有在一定的历史发展条件下，生产资料才取得这种独特的社会性质，正如只有在一定的历史发展条件下，贵金属才获得货币的独特的社会性质，货币才获得货币资本的独特的社会性质一样。

III. 第三阶段　W′—G′

在第一阶段，资本家从真正的商品市场和劳动市场取得了使用物品；在第三阶段，他把商品投回，但只是投回到一个市场，即真正的商品市场。而如果他通过他的商品从市场又取得了比他原来投入的价值更多的价值……另一方面，他能够把这个已经增大的价值投入市场，只是因为他在生产过程中，通过剥削劳动力，生产了剩余价值（作为产品的一个部分，表现在剩余产品中）。这个商品量，只有作为这个过程的产物，才是商品资本，才是已经增殖的资本价值的承担者……它对二者来说代表着它们各自流通的不同阶段，代表着它们在流通领域所要经过的形态变化序列中的不同阶段。

资本价值 W 在同一个流通行为 W′— G′ 中完成的流通，却不是这样。这个流通行为，对资本价值来说，是流通行为 W — G。这里，W=P，等于原来预付的 G……它已经经过两个互相对立的流通阶段：（1）G — W 和（2）W — G，而又处在可以重新开始同一个循环过程的形式中。对剩余价值来说，是商品形式第一次转化为货币形式，对资本价值来说，则是回到或者再转化为它原来的货币形式。

这些商品不再执行商品即可售物品的职能。现在，它们的价值存在于买者即资本家手中，当做他的生产资本 P 的价值……从市场取得的商品，就由这种物质上和价值上都不相同的商品代替了。这种商品现在必须执行商品的职能，必须转化为货币，必须卖掉……这个流通形式，由于商品的方向相反的两次换位，即由货币转化为商品和由商品转化为货币，就必然使以货币形式预付的价值回到它的货币形式：再转化为货币。

G′ 作为 G+g……还表示一种质的关系，虽然这种质的关系本身只是作为一个同名总额的各部分之间的关系，即作为量的关系而存在的……G 已经不再是单纯的货币，而是明显地成了货币资本，它表现为一个已经自行增殖的价值，因而也具有自行增殖即比原有价值生出更多价值的属性。G 所以成为资本，是由它对 G′ 的另一个部分的关系决定的，后者是由它生出的，是它作为原因引起的，是它作为根据产生的结果。

但是，这里表现出的只是结果，而没有表现出造成这个结果的过程的中介。

只要 G′ 继续能动地作为货币资本执行职能，而不是相反地作为已经增殖的产业资本的货币表现固定下来，那么，G′ 在代表 G…G′ 运动的结果时所包含的本金和增长额之间的这种没有概念的区别就会立即消失……就是说，决不能作为资本关系的表现，而只能作为资本价值的预付形式。

在第一阶段中，G 是作为货币流通的。它作为货币资本执行职能，只是因为它只有在货币状态中才能够执行货币的职能，才能够转化为作为商品和它相对立的 P 的要素……由于所买商品 A 和 Pm 的特殊的使用形式，这个行为同时又是货币资本的职能。相反，由资本价值 G 和它所产生的剩余价值 g 构成的 G′，却是表现已经增殖的资本价值，资本总循环过程的目的和结果……

第 二 章
生产资本的循环

生产资本循环的总公式是：P…W′—G′—W…P。这个循环表示生产资本职能的周期更新，也就是表示再生产，或者说，表示资本的生产过程是增殖价值的再生产过程；它不仅表示剩余价值的生产，而且表示剩余价值的周期再生产；它表示，处在生产形式上的产业资本不是执行一次职能，而是周期反复地执行职能，因此，过程的重新开始，已由起点本身规定了。

I. 简单再生产

作为一般流通的一个部分的资本循环和作为一个独立循环的环节的资本循环之间的关系，以后在我们考察 G′=G+g 的流通时就可以看到。G，作为货币资本，使资本循环继续进行。g，作为收入花掉（g—w），则进入一般流通，而退出资本循环。只有执行追加货币资本职能的那一部分，才进入资本循环。在 w—g—w 中，货币只执行铸币的职能；这个流通的目的是资本家的个人消费。庸俗经济学把不进入资本循环的流通，即价值产品中作为收入消费的那个部分的流通，说成是资本特有的循环，这就典型地说明他们是多么痴呆。

第 三 章
商品资本的循环

商品资本循环的总公式是：

W′— G′— W…P…W′。

第三个形式和前两个形式的区别如下：第一，在这里，是以包含两个对立阶段的总流通来开始循环……在 G…G′ 中，流通形式是 G — W… W′— G′=G — W — G。在 P…P 中则相反，流通形式却是 W′— G′.G — W=W — G — W。在 W′…W′，中，流通形式与后一个形式相同。

在循环 I 和 II 的反复中，即使终点的 G′ 和 P′ 是更新的循环的起点，它们产生时的形式也会消失……但是在形式 III 中，即使循环以相同的规模更新，起点 W 也必须用 W′ 来表示，而这是由于下面的原因。在形式 I 中，只要 G′ 本身开始新的循环，它就作为货币资本 G，作为以货币形式预付的待增殖的资本价值执行职能。

第 二 篇
资本周转

第 七 章
周转时间和周转次数

单个资本家投在任何一个生产部门的总资本价值，在完成它的运动的循环后，就重新处在它的原来的形式上，并且能够重复同一过程。这个价值要作为资本价值永久保持和增殖，就必须重复这个过程。单个循环在资本的生活中只形成一个不断重复的段落，也就是一个周期。在 G…G′ 这个周期的末尾，资本重新处在货币资本的形式上，这个货币资本重新通过包括资本再生产过程或价值增殖过程在内的形式转化序列。在 P…P 这个周期的末尾，资本重新处在生产要素的形式上，这些生产要素形成资本的更新的循环的前提……因此，资本的周转时间计量总资本价值从一个循环周期到下一个循环周期的那段时间，计量资本生活过程经历的周期，或者说，计量同一资本价值的增殖过程或生产过程更新、重复的时间。

第十五章
周转时间对预付资本量的影响

VI. 结　论

A. 为了使资本的一部分能够在其他部分处在流通期间的时候不断处在劳动期间，必须把资本分为不同的部分。

B. ……在每个劳动期间结束时，就有一部分不断地、周期地游离出来。并且这个游离出来的资本，在劳动期间大于流通期间的时候，和总资本中为流通期间预付的那部分资本相等；在流通期间大于劳动期间的时候，则和那个把流通期间超过劳动期间（或其倍数）的那段期间填补起来的资本部分相等。

C. 由此可见，对社会总资本来说，——就其流动部分而言，——资本游离必然是通例，而在生产过程中依次执行职能的资本部分的单纯交替的现象必然是例外……

D. ……我们撇开固定资本在闲置的16周内损耗更大，并且劳动尽管只是在一年的部分时间内起作用但必须按全年支付而变得更昂贵这些情况不说，生产过程的这样一种有规则的中断，是和现代大工业的经营根本不相容的。

第十七章
剩余价值的流通

以上我们知道，即使一年内生产的剩余价值量相等，周转期间的差别也会引起年剩余价值率的差别。

但是，剩余价值的资本化，积累，必然又会有差别，因而在剩余价值率不变的场合，一年内生产的剩余价值量也必然会有差别。

II. 积累和扩大再生产

在资本主义生产的基础上，贮藏货币本身从来不是目的，而是结果，或者是流通停滞的结果（这时会有比通常更多的货币量采取贮藏货币的形式），或者是由资本周转决定的积累的结果；或者，最后，贮藏货币只是货币资本的形成暂时处在潜在的形式上，目的是要执行生产资本的职能。

第 三 篇
社会总资本的再生产和流通

第十八章
导 言

II. 货币资本的作用

在考察单个资本的周转时，货币资本显示出两个方面。

第一，它是每个单个资本登上舞台，作为资本开始它的过程的形式。因此，它表现为发动整个过程的第一推动力。

第二，由于周转期间的长短不同和周转期间两个组成部分——劳动期间和流通期间——的比例不同，必须不断以货币形式预付和更新的那部分预付资本价值与它所推动的生产资本即连续进行的生产的规模之间的比例，也就不同。

第二十章
简单再生产

II. 社会生产的两个部类

社会的总产品，从而社会的总生产，分成两大部类：

I. 生产资料：具有必须进入或至少能够进入生产消费的形式的商品。

II. 消费资料：具有进入资本家阶级和工人阶级的个人消费的形式的商品。

这两个部类中，每一部类拥有的所有不同生产部门，总合起来都形成一个单一的大的生产部门：一个是生产资料的生产部门，另一个是消费资料的生产部门。两个生产部门各自使用的全部资本，都形成社会资本的一个特殊的大部类。

III. 两个部类之间的交换：I（v+m）和 IIc 的交换

总的结论是：产业资本家为了促成他们自己的商品流通而投入流通的货币，无论是记在商品的不变价值部分的账上，还是记在存在于商品中的剩余价值（在它作为收入花掉的时候）的账上，总是按照各个资本家为货币流通而预付的数额回到他们手中。

由此得出结论：在简单再生产中，第I部类的商品资本中的v+m价值额（也就是第I部类的总商品产品中与此相应的比例部分），必须等于不变资本IIc，也就是第II部类的总商品产品中分出来的与此相应的部分。

《资本论》第三卷（精选）

第一篇
剩余价值转化为利润和剩余价值率转化为利润率

第二章
利润率

尽管利润率和剩余价值率在数量上不同，而剩余价值和利润实际上是一回事并且数量上也相等，但是利润还是剩余价值的一个转化形式，在这个形式中，剩余价值的起源和它存在的秘密被掩盖了，被抹杀了。实际上，利润是剩余价值的表现形式，而剩余价值只有通过分析才得以从利润中剥离出来。在剩余价值中，资本和劳动的关系赤裸裸地暴露出来了；在资本和利润的关系中，也就是在资本和剩余价值——它一方面表现为在流通过程中实现的、超过商品成本价格的余额，另一方面表现为一个通过它对总资本的关系而获得进一步规定的余额——的关系中，资本表现为一种对自身的关系，在这种关系中，资本作为原有的价值额，同它自身创造的新价值相区别。至于说资本在它通过生产过程和流通过程的运动中创造出这个新价值，这一点是人们意识到了的。但是这种情况是怎样发生的，现在却神秘化了，好像它来自资本本身固有的秘密性质。

第 二 篇
利润转化为平均利润

第 八 章
不同生产部门的资本的不同构成和由此引起的利润率的差别

毫无疑问，如果撇开那些非本质的、偶然的、互相抵消的差别不说，对不同产业部门来说，平均利润率的差别实际上并不存在，而且也不可能存在，除非把资本主义生产的整个体系摧毁。所以，在这里，价值理论好像同现实的运动不一致，同生产的实际现象不一致，因此，理解这些现象的任何企图，也好像必须完全放弃。

不管资本的有机构成如何不同，只要为生产产品所预付的资本部分相等，其产品的成本价格总是相等的。……不管所生产的价值和剩余价值多么不同，……成本价格的这种等同性，形成各个投资竞争的基础，而平均利润就是通过这种竞争确定的。

第 九 章
一般利润率（平均利润率）的形成和商品价值转化为生产价格

由于投在不同生产部门的资本有不同的有机构成……不同生产部门中占统治地位的利润率，本来是极不相同的。这些不同的利润率，通过竞争而平均化为一般利润率，而一般利润率就是所有这些不同利润率的平均数。按照这个一般利润率归于一定量资本（不管它的有机构成如何）的利润，就是平均利润。一个商品的价格，如等于这个商品的成本价格，加上生产这个商品所使用的资本（不只是生产它所消费的资本）的年平均利润中根据这个商品的周转条件归于它的那部分，就是这个商品的生产价格。

第十章
一般利润率通过竞争而平均化。市场价格和市场价值。超额利润

如果供求一致，它们就不再发生作用，正因为如此，商品就按照自己的市场价值出售。如果有两种力量按照相反的方向发生相等的作用，它们就会互相抵消，而不会对外界发生任何影响，在这种条件下发生的各种现象，就必须用另外的作用，而不是用这两种力量的作用来解释……按平均数来看，就会平均化为市场价值，因为这种和市场价值的偏离会作为正负数互相抵消。

在资本主义生产中，问题不仅在于，要用那个以商品形式投入流通的价值额，取出另一种形式（货币形式或其他商品形式）的等量的价值额，而且在于，要用那个预付在生产中的资本，取出和任何另一个同量资本所取得的一样多的或者与资本的大小成比例的剩余价值或利润，而不管预付资本是用在哪个生产部门；因此，问题在于，最低限度要按照那个会提供平均利润的价格，即生产价格来出售商品。在这种形式上，资本就意识到自己是一种社会权力，每个资本家都按照他在社会总资本中占有的份额而分享这种权力。

第 三 篇
利润率趋向下降的规律

第十三章
规律本身

在劳动的剥削程度不变时，同一个剩余价值率会表现为不断下降的利润率，因为随着不变资本的物质量的增加，不变资本从而总资本的价值量也会增加，虽然不是按相同的比例增加。

如果我们进一步假定，资本构成的这种逐渐变化，不仅发生在个别生产部门，而且或多或少地发生在一切生产部门，或者至少发生在具有决定意义的生产部门，因而这种变化就包含着某一个社会的总资本的平均有机构成的变化，那么，不变资本同可变资本相比的这种逐渐增加，就必然会有这样的结果：在剩余价值率不变或资本对劳动的剥削程度不变的情况下，一般利润率会逐渐下降。而我们已经看到，随着资本主义生产方式的发展，可变资本同不变资本相比，从而同被推动的总资本相比，会相对减少，这是资本主义生产方式的规律……资本主义生产，随着可变资本同不变资本相比的日益相对减少，使总资本的有机构成不断提高，由此产生的直接结果是：在劳动剥削程度不变甚至提高的情况下，剩余价值率会表现为一个不断下降的一般利润率。（以后我们将会看到，为什么这种下降不是以这个绝对的形式而是以不断下降的趋势表现出来。）因此，一般利润率日益下降的趋势，只是劳动的社会生产力日益发展在资本主义生产方式下所特有的表现。

第十五章
规律的内部矛盾的展开

II. 生产扩大和价值增殖之间的冲突

资本主义生产的真正限制是资本自身，这就是说：资本及其自行增殖，表现为生产的起点和终点，表现为生产的动机和目的；生产只是为资本而生产，而不是反过来生产资料只是生产者社会的生活过程不断扩大的手段。以广大生产者群众的被剥夺和贫穷化为基础的资本价值的保存和增殖，只能在一定的限制以内运动，这些限制不断与资本为它自身的目的而必须使用的并旨在无限制地增加生产，为生产而生产，无条件地发展劳动社会生产力的生产方法相矛盾……这种生产方式同时也是它的这个历史任务和同它相适应的社会生产关系之间的经常的矛盾。

第四篇
商品资本和货币资本转化为
商品经营资本和货币经营资本（商人资本）

第十六章
商品经营资本

商人资本不外是在流通领域内执行职能的资本。流通过程是总再生产过程的一个阶段。但是在流通过程中，任何价值也没有生产出来，因而任何剩余价值也没有生产出来。在这个过程中，只是同一价值量发生了形式变化。事实上不过是发生了商品的形态变化，这种形态变化本身同价值创造或价值变化毫无关系。如果说在生产的商品出售时实现了剩余价值，那是因为剩余价值已经存在于该商品中；因此，在第二个行为，即货币资本同商品（各种生产要素）的再交换中，买者也不会实现任何剩余价值，在这里货币同生产资料和劳动力的交换只是为剩余价值的生产做了准备……既然它有助于市场的扩大，并对资本之间的分工起中介作用，因而使资本能够按更大的规模来经营，它的职能也就会提高产业资本的生产效率和促进产业资本的积累。既然它缩短流通时间，它也就提高剩余价值和预付资本的比率，也就是提高利润率。既然它把资本的一个较小部分作为货币资本束缚在流通领域中，它就增大了直接用于生产的那部分资本。

第五篇 利润分为利息和企业主收入。生息资本

第二十一章 生息资本

货币——在这里它被看做一个价值额的独立表现，而不管这个价值额实际上以货币形式还是以商品形式存在——在资本主义生产的基础上能转化为资本，并通过这种转化，由一个一定的价值变为一个自行增殖、自行增加的价值……它变成了商品，不过是一种特别的商品。或者换一种说法，资本作为资本，变成了商品。

我们先来考察生息资本的特有的流通。然后第二步再来研究它作为商品出售的独特方式，即它是贷放，而不是永远出让。

这样，运动就是：

$$G—G—W—G'—G'。$$

在生息资本的场合，G 的第一次换位，既不是商品形态变化的要素，也不是资本再生产的要素。它在第二次支出时，在用它来经

营商业或把它转化为生产资本的那个执行职能的资本家手中，才变成这样的要素。在这里，G的第一次换位，无非表示它已经由A转移到或转交到B手中；这种转移通常在一定的法律形式和条件下进行。

生息资本却不是这样。它的特有的性质也正在于此。要把自己的货币作为生息资本来增殖的货币占有者，把货币让渡给第三者，把它投入流通，使它成为一种作为资本的商品；不仅对他自己来说是作为资本，而且对他人来说也是作为资本……它不过是在这样的条件下被转让：第一，它过一定时期流回到它的起点；第二，它作为已经实现的资本流回，流回时，已经实现它的能够生产剩余价值的那种使用价值。

利息是资本的价格这种说法，从一开始就是完全不合理的。在这里，商品有了双重价值，先是有价值，然后又有和这个价值不同的价格，而价格是价值的货币表现。货币资本首先不外是一个货币额，或者是作为一个货币额固定下来的一定量商品的价值。如果商品作为资本来贷放，这个商品就只是一个货币额的伪装形式。因为作为资本贷放的，并不是若干磅棉花，而是在棉花形式上作为棉花价值存在的若干货币。所以，资本的价格，即使不像托伦斯先生所说的那样，和作为通货的资本有关，也和作为货币额的资本有关。

其次，资本所以表现为商品，是因为利润分割为利息和本来意义的利润是由供求，从而由竞争来调节的，这完全和商品的市场价格是由它们来调节的一样。但是在这里，不同之处和相同之处一样地明显……供求的变动只是说明市场价格同生产价格的偏离。这种偏离会互相抵消，所以从某个较长的时期来看，平均市场价格等于生产价格。一旦供求平衡，这些力量就不再起作用，互相抵消；决定价格的一般规律这时也就适用于个别的场合；市场价格这时就在它的直接存在上，而不只是作为市场价格运动的平均数，同由生产方式本身的内在规律调节的生产价格相一致。工资也是这样……货币资本的利息却不是这样。在这里，竞争并不是决定对规律的偏离，而是除了由竞争强加的分割规律之外，不存在别的分割规律，因为我们以后会看到，并不存在“自然”利息率。

第二十二章
利润的分割。利息率。
“自然”利息率

因为利息只是利润的一部分，按照我们以上的前提，这个部分要由产业资本家支付给货币资本家，所以，利润本身表现为利息的最高界限，达到这个最高界限，归执行职能的资本家的部分就会=0。撇开利息事实上可能大于利润，因而不能用利润支付的个别情况不说，我们也许还可以把全部利润减去其中可以归结为监督工资的部分（这部分我们以后加以说明）的余额，看做是利息的最高界限。利息的最低界限则完全无法规定。它可以下降到任何程度。不过这时候，总会出现起反作用的情况，使它提高到这个相对的最低限度以上。

执行职能的资本家就能够并且也愿意与利润率的高低成正比地支付较高或较低的利息。因为我们已经知道，利润率的高低和资本主义生产的发展成反比，所以由此可以得出结论……在这个意义上我们可以说，利息是由利润调节的，确切些说，是由一般利润率调节的。并且，这种调节利息的方法，甚至也适用于利息的平均水平。

利息率在危机期间达到最高水平，因为这时人们不得不以任何代价借钱来应付支付的需要。同时，由于和利息的提高相适应的是有价证券价格的降低，这对那些拥有可供支配的货币资本的人来说，是一个极好的机会，可以按异常低廉的价格，把这种有息证券抢到手，而这种有息证券，在正常的情况下，只要利息率重新下降，就必然会至少回升到它们的平均价格。

第二十三章
利息和企业主收入

事实上，只有资本家分为货币资本家和产业资本家，才使一部分利润转化为利息，一般地说，才产生出利息的范畴；并且，只有这两类资本家之间的竞争，才产生出利息率。

只要资本还在再生产过程中执行职能……只要他的资本还作为资本执行职能，这个资本就属于再生产过程，就固定在这个过程中。他虽然是它的所有者，但只要他把它用做资本来剥削劳动，这种所有权就使他不能按别种方式去支配它。货币资本家的情形也是这样。只要他的资本贷出去，从而作为货币资本发生作用，它就为他带来利息，即利润的一部分，但他不能支配本金……只要资本留在他手中。它就不会生出利息，并且不会作为资本起作用；只要它生出利息，并且作为资本起作用，它就不会留在他手中。资本永久贷出的可能性就是这样产生的。

对那种用借入的资本从事经营的生产资本家来说，总利润会分成两部分：利息和超过利息的余额。他必须把前者支付给贷出者，而后者则形成他自己所占的利润部分……其次，无论总利润即全部利润的实际价值量在每个具体场合可以怎样同平均利润发生偏离，其中属于执行职能的资本家的部分仍然要由利息决定，因为利息是由一般利息率（撇开特殊的合法协议不说）确定的，并且在生产过程开始以前，也就是在它的结果即总利润取得以前，已经当做预先确定的量了……属于能动资本家的那部分利润，现在则表现为企业主收入，这一收入好像完全是从他用资本在再生产过程中所完成的活动或职能产生出来的，特别是从他作为产业或商业企业主所执行的职能产生出来的。因此，利息对他来说只是表现为资本所有权的果实，表现为抽掉了资本再生产过程的资本自身的果实……因为利息归货币资本家所有，归资本的单纯所有者，也就是在生产过程之前和生产过程之外单纯代表资本所有权的贷出者所有；企业主收入则归单纯的职能资本家所有，归资本的非所有者所有。

生息资本只有在借贷货币实际转化为资本并生产一个余额（利息是其中的一部分）时，才证明自己是生息资本……购买它的人也可以不让它去从事生产劳动，例如，把它用于纯粹私人的目的，用于服务等等。资本也是这样。借入者是不是把它作为资本来用，也就是说，是不是实际上使它所固有的生产剩余价值的属性发挥作用，那是借入者自己的事情。在这两种场合，他为之支付的，是那个自在地，在可能性上已经包含在资本商品中的剩余价值。

第二十五章
信用和虚拟资本

货币充当支付手段的职能，从而商品生产者和商品经营者之间债权人和债务人的关系，是怎样由简单商品流通而形成的。随着商业和只是着眼于流通而进行生产的资本主义生产方式的发展，信用制度的这个自然基础也在扩大、普遍化、发展。大体说来，货币在这里只是充当支付手段……真正的信用货币不是以货币流通（不管是金属货币还是国家纸币）为基础，而是以票据流通为基础。

信用制度的另一方面，与货币经营业的发展联系在一起，而在资本主义生产中，货币经营业的发展又自然会和商品经营业的发展齐头并进……银行家把借贷货币资本大量集中在自己手中，以致与产业资本家和商业资本家相对立的，不是单个的贷出者，而是作为所有贷出者的代表的银行家。银行家成了货币资本的总管理人。另一方面，由于他们为整个商业界而借款，他们也把借入者集中起来，与所有贷出者相对立。银行一方面代表货币资本的集中，贷出者的集中，另一方面代表借入者的集中。银行的利润一般地说在于：它们借入时的利息率低于贷出时的利息率。

贷放（这里我们只考察真正的商业信用）是通过票据的贴

现——使票据在到期以前转化成货币——来进行的，是通过不同形式的贷款，即以个人信用为基础的直接贷款，以有息证券、国债券、各种股票作抵押的贷款，特别是以提单、栈单及其他各种证明商品所有权的凭证作抵押的贷款来进行的，是通过存款透支等等来进行的。

这次崩溃随着 1846 年农作物歉收而爆发了。英格兰，特别是爱尔兰，需要大量进口生活资料，特别是谷物和马铃薯。但供给这些物品的国家，只能接受极少量的英国工业品作为对这些物品的支付……政府迫于普遍的要求，于 10 月 25 日宣布暂停执行银行法，从而解除了那些加给英格兰银行的荒谬的法律限制。

第二十七章
信用在资本主义生产中的作用

到现在为止，我们关于信用制度所作的一般评述，可归结为以下几点：

I. 信用制度的必然形成，以便对利润率的平均化或这个平均化运动起中介作用，整个资本主义生产就是建立在这个运动的基础上的。

II. 流通费用的减少。

III. 股份公司的成立。由此：

1. 生产规模惊人地扩大了，个别资本不可能建立的企业出现了。同时，以前曾经是政府企业的那些企业，变成了社会的企业。

2. 那种本身建立在社会生产方式的基础上并以生产资料和劳动力的社会集中为前提的资本，在这里直接取得了社会资本（即那些直接联合起来的个人的资本）的形式，而与私人资本相对立，并且它的企业也表现为社会企业，而与私人企业相对立。这是作为私人财产的资本在资本主义生产方式本身范围内的扬弃。

3. 实际执行职能的资本家转化为单纯的经理，别人的资本的管理人，而资本所有者则转化为单纯的所有者，单纯的货币资本家。因此，即使后者所得的股息包括利息和企业主收入，也就是包括全部利润……另一方面，这是再生产过程中所有那些直到今天还和资本所有权结合在一起的职能转化为联合起来的生产者的单纯职能，转化为社会职能的过渡点。

〔自从马克思写了上面这些话以来，大家知道，一些新的产业经营的形式发展起来了。这些形式代表着股份公司的二次方和三次方。在大工业的一切领域内，生产现在能以日益增长的速度增加，与此相反，这些增产的产品的市场的扩大却不断地变慢。大工业在几个月中生产的东西，市场在几年内未必吸收得了。此外，那种使每个工业国家同其他工业国家，特别是同英国隔绝的保护关税政策，又人为地提高了本国的生产能力。结果是全面的经常的生产过剩，价格下跌，利润下降甚至完全消失；总之，历来受人称赞的竞争自由已经日暮途穷，必然要自行宣告明显的可耻破产。这种破产表现在：在每个国家里，一定部门的大工业家会联合成一个卡特尔，以便调节生产。一个委员会确定每个企业的产量，并最后分配接到的订货。在个别场合，甚至有时会成立国际卡特尔，例如英国和德国在铁的生产方面成立的卡特尔。但是生产社会化的这个形式还嫌不足。各个公司的利益的对立，过于频繁地破坏了这个形式，并恢复了竞争。因此，在有些部门，只要生产发展的程度允许的话，就把该部门的全部生产，集中成为一个大股份公司，实行统一领导。在美国，这个办法已经多次实行；在欧洲，到现在为止，最大的一个实例是联合制碱托拉斯。这个托拉斯把英国的全部碱的生产集中到唯一的一家公司手里。单个工厂——超过30家——原来的所有者，以股票的形式取得他们的全部投资的估定价值，共约500万镑，代表该托拉斯的固定资本。技术方面的管理，仍然留在原来的人手中，但是营业方面的领导则已集中在总管理处手中。约100万镑的流动资本是向公众筹集的。所以，总资本共有600万镑。因此，在英国，在这个构成整个化学工业的基础的部门，竞争已经为垄断所代替，并且已经最令人鼓舞地为将来由整个社会即全民族来实行剥夺做好了准备。——弗·恩·〕

IV. 把股份制度——它是在资本主义体系本身的基础上对资本主义的私人产业的扬弃；随着它的扩大和侵入新的生产部门，它也在同样的程度上消灭着私人产业……在这种赌博中，小鱼为鲨鱼所吞掉，羊为交易所的狼所吞掉。在股份制度内，已经存在着社会生产资料借以表现为个人财产的旧形式的对立面；但是，这种向股份形式的转化本身，还是局限在资本主义界限之内；因此，这种转化并没有克服财富作为社会财富的性质和作为私人财富的性质之间的对立，而只是在新的形态上发展了这种对立。

信用制度固有的二重性质是：一方面，把资本主义生产的动力——用剥削他人劳动的办法来发财致富——发展成为最纯粹最巨大的赌博欺诈制度，并且使剥削社会财富的少数人的人数越来越减少；另一方面，造成转到一种新生产方式的过渡形式。

第五篇
利润分为利息和企业主收入。
生息资本
（续）

第二十九章
银行资本的组成部分

生息资本的形式造成这样的结果：每一个确定的和有规则的货币收入都表现为一个资本的利息，而不论这种收入是不是由一个资本生出。货币收入首先转化为利息，有了利息，然后得出产生这个货币收入的资本。同样，有了生息资本，每个价值额只要不作为收入花掉，都会表现为资本，也就是都会表现为本金，而同它能够生出的可能的或现实的利息相对立。

即使在债券——有价证券——不像国债那样代表纯粹幻想的资本的地方，这种证券的资本价值也纯粹是幻想的。我们上面已经讲过，信用制度怎样产生出联合的资本。这种证券被当做代表这种资本的所有权证书。铁路、采矿、轮船等公司的股票代表现实资本，也就是代表在这些企业中投入的并执行职能的资本，或者说，代表股东所预付的、在这些企业中作为资本来用的货币额。这里决不排除股票也只是一种欺诈的东西。但是，这个资本不能有双重存在：一次是作为所有权证书即股票的资本价值，另一次是作为在这些企业中实际已经投入或将要投入的资本。它只存在于后一种形式，股票不过是对这个资本所实现的剩余价值的一个相应部分的所有权证书……把他的资本转化为一张对股份资本预期可得的剩余价值的单纯所有权证书。

第三十章
货币资本和现实资本。I

在以上考察货币资本和货币财产的积累的特有形式时，我们已经把这种积累的形式归结为对劳动的所有权要求的积累。前面已经说过，国债资本的积累，不过是表明国家债权人阶级的增加，这个阶级有权把税收中的一定数额预先划归自己所有。连债务积累也能表现为资本积累这一事实，清楚地表明那种在信用制度中发生的颠倒现象已经达到完成的地步。这些为原来借入的并且早已用掉的资本而发行的债券，这些代表已经消灭的资本的纸制复本，在它们是可卖商品，因而可以再转化为资本的情况下，对它们的占有者来说，就作为资本执行职能。

由这种所有权证书的价格变动而造成的盈亏，以及这种证书在铁路大王等人手里的集中，就其本质来说，越来越成为赌博的结果。赌博已经取代劳动，表现为夺取资本财产的本来的方法，并且也取代了直接的暴力。这种想象的货币财产，不仅构成私人货币财产的很大的部分，并且正如我们讲过的，也构成银行家资本的很大的部分。

这种商业信用的界限就其自身来考察是：1. 产业资本家和商人

的财富，即在回流延迟时他们所能支配的准备资本；2. 这种回流本身。这种回流可能在时间上延迟，或者商品价格也可能在这段时间内下降，或者在市场停滞时，商品还可能暂时滞销。首先，汇票的期限越长，准备资本就要越大，回流因价格下降或市场商品过剩而发生减少或延迟的可能性也就越大。其次，最初的交易越是依赖对商品价格涨落的投机，回流就越没有保证……要使一国的资本增加一倍，以致达到商业能够用自有的资本把全国的产品买下来并且再卖掉，这是不可能的。在这里，信用就是不可避免的了；信用的数量会随着生产的价值量一起增长，信用的期限也会随着市场距离的增大而延长。在这里是互相影响的。生产过程的发展促使信用扩大，而信用又引起工商业活动的扩展。

借贷货币资本的增大，并不是每次都表示现实的资本积累或再生产过程的扩大。这种情况，在产业周期中紧接着危机过后的那个阶段中，表现得最为明显，这时，借贷资本大量闲置不用。在这种时刻，生产过程紧缩（1847 年危机后，英国各工业区的生产减少三分之一），……对借贷货币资本的需求，不论是用于流通手段，还是用于支付手段（这里还谈不上新的投资），都会减少，这样，借贷货币资本相对说来就充裕了。不过，正如以后将会看到的，在这样的情况下，借贷货币资本的供给也会实际增加。

随着银行制度的发展……从前的私人贮藏货币或铸币准备金，

都在一定时间内转化为借贷资本。这样造成的货币资本的扩大，和伦敦股份银行开始对存款支付利息时存款的增长一样，并不表示生产资本的增加。在生产规模保持不变时，这种扩大只会引起借贷货币资本比生产资本充裕。由此出现低利息率。

虚拟资本，生息的证券，就它们本身作为货币资本在证券交易所内进行流通而言，也是如此。它们的价格随着利息的提高而下降。其次，它们的价格还会由于信用的普遍缺乏而下降，这种信用的缺乏迫使证券所有者在市场上大量抛售这种证券，以便获得货币。最后，就股票来说，它的价格下降，部分地是由于股票有权要求的收入减少了，部分地是由于它们代表的往往是那种带有欺诈性质的企业。在危机时期，这种虚拟的货币资本大大减少，从而它的所有者凭它在市场上获得货币的力量也大大减少。这些有价证券的行情的下降，虽然和它们所代表的现实资本无关，但是和它们的所有者的支付能力关系极大。

第三十一章
货币资本和现实资本。II
（续）

1. 货币转化为借贷资本

我们已经看到，只是由于和生产积累成反比而同生产积累有联系的那种借贷资本的堆积或过多，是能够发生的。这种情况发生在产业周期的两个阶段上；第一是在生产资本和商品资本这两种形式上的产业资本已经收缩，也就是危机以后周期开始的时期；第二是在已经开始好转但商业信用还不大需要银行信用的时期。在前一种场合，以前用在生产和商业上的货币资本，表现为闲置的借贷资本；在后一种场合，货币资本以不断增长的规模被使用。但利息率很低，因为现在正是产业资本家和商业资本家迫使货币资本家接受条件的时候。借贷资本的过剩，在第一种场合，表示产业资本的停滞，在第二种场合，表示商业信用对银行信用的相对独立，这种情况，是以货币回流顺畅，信用期限短，经营主要靠自有资本进行为基础的。依赖他人信用资本的投机家，这时还没有出场；用自有资本进行经营的人，距离近乎纯粹的信用经营还很远。在第一个阶段，借贷资本过剩，正好是现实积累的相反表现。在第二个阶段，借贷资本过剩同再生产过程的新扩大结合在一起，伴随着后者，但不是后者的原因。借贷资本的过剩已经减少，仅仅同需求相比还相对地过剩。在这两种场合，现实积累过程的扩大都会得到促进，因为在第一种场合同低廉的物价相结合的低微利息，以及在第二种场合同缓慢上升的物价相结合的低微利息，都会增加利润中转化为企业主收入的部分。在繁荣时期的顶点，当利息提高到平均水平的时候，情况更是这样，因为这时利息虽然增加了，但是还比不上利润的增加。

第三十二章
货币资本和现实资本。III
（续完）

在货币资本的积累中，加入了一个本质上和产业资本的现实积累不同的要素，因为年产品中用于消费的部分，并不是资本……只要这个货币用来补偿消费资料生产者的不变资本，它就是他们的不变资本所暂时采取的货币形式，被用来购买他们所要补偿的不变资本的各种实物要素。虽然它的数量和再生产过程的规模一同增长，它本身无论在这个形式上或在那个形式上都不表示积累。但它暂时执行借贷货币的职能，即货币资本的职能。因此，从这方面看，货币资本的积累所反映的资本积累，必然总是比现实存在的资本积累更大。这是由于以下的事实：个人消费的扩大因为以货币为中介而表现为货币资本的积累，因为个人消费的扩大，为现实的积累，为开辟新的投资场所的货币，提供了货币形式。

对借贷资本的需求会保持不变，甚至会减少，因为用相同的货币额，能够得到更多的商品。但是在这里，也可能形成投机性的商品储备，这部分地是为了利用对生产有利的时机，部分地是为了等待以后价格上涨。在这种情况下，对借贷资本的需求会增加，而利息率的提高则表明，资本已经投在生产资本的各种要素的过剩储备中。

第三十三章
信用制度下的流通手段

银行券和金流入英格兰银行超过通常的程度，所以实际上是不管对通货的需要如何而使通货收缩。在支付国债利息时，情况就恰好相反……各私人银行的利息率将会降低，因为它们的准备金将会暂时增加。这同流通手段的绝对量无关，而只同把这种流通手段投入流通的银行有关，并且对银行来说，这个过程表现为借贷资本的出让，所以，它把由此而来的利润放进自己的腰包。

英格兰银行的权力，在它对市场利息率的调节上显示出来。在营业正常进行的时候，很可能出现这样的情况：英格兰银行不能用提高贴现率的办法，来防止金从它的金属贮藏中适度流出，因为对支付手段的需要，将从私人银行、股份银行和票据经纪人那里得到满足，这些银行和经纪人在过去 30 年中已经获得了相当大的资本权力。因此，英格兰银行只好使用其他手段。

再谈谈集中！那种以所谓国家银行为中心，并且有大的货币贷放者和高利贷者围绕在国家银行周围的信用制度，就是一个巨大的集中，并且它给予这个寄生者阶级一种神话般的权力，使他们不仅能周期地消灭一部分产业资本家，而且能用一种非常危险的方法来干涉现实生产——而这伙匪帮既不懂生产，又同生产没有关系。1844 年和 1845 年的法令，就是这伙包括金融业者和证券投机家的匪帮的权力日益增加的证据。

第三十四章
通货原理和1844年英国的银行立法

商业危机的最普遍和最显著的现象，就是商品价格在长期普遍上涨之后突然普遍跌落。商品价格的普遍跌落可以说成是货币同一切商品相比其相对价值上涨，相反，价格的普遍上涨也可以说成是货币的相对价值跌落。两种说法都是叙述现象而不是解释现象……商品价格为什么周期性地普遍跌落？因为货币的相对价值周期性地上涨……商品价格的上涨是由于货币价值的跌落，而货币价值的跌落，我们从李嘉图那里知道，是由于流通中的货币过多，也就是由于流通中的货币量超过了货币本身的内在价值和商品的内在价值所决定的水平。反过来也是这样，商品价格的普遍跌落是由于流通中的货币不足使货币价值超过它的内在价值。因此，价格周期性地上涨和跌落是由于周期性地有过多或过少的货币在流通……按照李嘉图的看法，价格的这种普遍波动就是在纯粹的金属流通中也必然发生，但由于涨跌的交替发生而抵消……它的尖锐的和暴力的形式即危机形式却属于发达的信用事业时期，所以十分明显，银行券的发行不是完全按照金属流通的规律来调节的。金属流通以贵金属的输入和输出作为补救手段；而贵金属是立即当做铸币进入流通的……——弗·恩·

但是，把银行分成两个独立的部的办法，实际上使银行董事会不能在决定性时刻自由支配它可以支配的全部资金。因而可能发生这种情况：当发行部还有几百万镑金和 1 400 万镑担保品原封未动时，银行部却已经濒于破产了。由于几乎每次危机都有一个金向国外大量流出的阶段，而且流出的金主要由银行的金属贮藏来补偿……——弗·恩·

这种高利息率，正是这个法令的目的。

第三十五章
贵金属和汇兑率

1. 金贮藏的变动

关于贵金属的流出和流入，必须指出：

第一，要区别以下两方面的情况：一方面，金属在不产金银的区域内流来流去，另一方面，金银从它们的产地流入其他各国，以及这个追加额分配在这些国家之间。

第二，贵金属在不产金银的各国中间不断流来流去；同一个国家不断地把金银输入，又同样不断地把金银输出。因为这种只是摆来摆去并且往往平行的运动，大部分会互相中和。所以只有占优势的朝这一个方向或那一个方向的运动，才能最后决定流出还是流入。

第三，输入超过输出以及相反的现象，大体说来，可以用中央银行的金属准备的增加或减少来测量。这个尺度准确到什么程度，当然首先取决于整个银行业务已集中到什么程度。因为所谓国家银行的贵金属贮藏在什么程度上代表一国的金属贮藏，就是取决于这一点……这样，虽然没有同时增加输出，金属贮藏仍会减少。

第四，如果减少的运动持续很长时间，以致减少竟表现为运动的趋势，并且银行的金属准备下降到显著地低于中等水平，几乎达到这个准备的平均最低限度……

第五，所谓国家银行的金属准备的用途——这种用途决不能单独调节金属贮藏量，因为后者可以仅仅由于国内外营业的停滞而增大——有三个方面：1. 作为国际支付的准备金，一句话，作为世界货币的准备金；2. 作为时而扩大时而收缩的国内金属流通的准备金；3. 是和银行的职能有联系，但和货币作为单纯货币的职能无关的事情：作为支付存款和兑换银行券的准备金……

第六，除了 1837 年也许是个例外，现实的危机总是在汇兑率发生逆转以后，就是说，在贵金属的输入又超过它的输出时爆发。

第七，一旦普遍的危机结束，金和银——撇开新开采的贵金属从产地流入的现象不说——就会按金银在平衡状态下在各国形成特别贮藏的比例再行分配。在其他条件不变时，每个国家的相对储藏量，是由该国在世界市场上所起的作用决定的……〔最后一句话，显然只适用于作为世界货币市场中心的英国。——弗·恩·〕

第八，金属的流出，在大多数情况下总是对外贸易状况变化的象征，而这种变化又是情况再次逐步接近危机的预兆。

第九，支付差额对亚洲来说可能是顺差，而对欧洲和美洲来说都是逆差。

第六篇
超额利润转化为地租

第三十七章
导 论

资本主义生产方式的前提是：实际的耕作者是雇佣工人……在这里我们看到了构成现代社会骨架的三个并存的而又互相对立的阶级——雇佣工人、产业资本家、土地所有者。

资本能够固定在土地上，即投入土地，其中有的是比较短期的，如化学性质的改良、施肥等等，有的是比较长期的，如修排水渠、建设灌溉工程、平整土地、建造经营建筑物等等。我在别的地方，曾把这样投入土地的资本，称为土地资本。它属于固定资本的范畴。为投入土地的资本以及为土地作为生产工具由此得到的改良而支付的利息，可能形成租地农场主支付给土地所有者的地租的一部分，但这种地租不构成真正的地租……

这是和地租本身变动无关而只由利息率决定的土地价格的变动。但是，因为我们已经知道，在社会发展的进程中利润率有下降的趋势，所以，从利息率由利润率决定来说，利息率也有下降的趋势；此外，即使撇开利润率不说，由于借贷货币资本的增大，利息率也有下降的趋势，所以可以得出结论，土地价格，即使撇开地租的变动以及土地产品价格（地租构成它的一个部分）的变动来看，也有上涨的趋势。

最后，在考察地租的表现形式，即为取得土地的使用权（无论是为生产的目的还是为消费的目的）而以地租名义支付给土地所有者的租金时，必须牢牢记住，那些本身没有任何价值，即不是劳动产品的东西（如土地），或者至少不能由劳动再生产的东西（如古董，某些名家的艺术品等等）的价格，可以由一些结合在一起的非常偶然的情况来决定。要出售一件东西，唯一的条件是，它可以被独占，并且可以让渡。

第三十八章
级差地租：概论

第一，很明显，这种地租总是级差地租，因为它并不作为决定要素加入商品的一般生产价格，而是以这种生产价格为前提。它总是产生于支配着一种被垄断的自然力的个别资本的个别生产价格和投入该生产部门的一般资本的一般生产价格之间的差额。

第二，这种地租不是产生于所用资本或这个资本所占有的劳动的生产力的绝对提高。一般说来，这种提高只会减少商品的价值。这种地租的产生，是由于一定的投入一个生产部门的个别资本，同那些没有可能利用这种例外的、有利于提高生产力的自然条件的投资相比，相对来说具有较高的生产率。

第三，自然力不是超额利润的源泉，而只是超额利润的一种自然基础，因为它是特别高的劳动生产力的自然基础……当做它自有的生产力来占有，那么，劳动的这种已经提高的生产力，就根本不会转化为剩余价值。

第四，瀑布的土地所有权本身，同剩余价值（利润）部分的创造，从而同借助瀑布生产的商品的价格的创造，没有任何关系……而是使它转化为地租形式的原因，也就是使这一部分利润或这一部分商品价格被土地或瀑布的所有者占有的原因。

第五，很明显，瀑布的价格，也就是土地所有者把瀑布卖给第三者或卖给工厂主本人时所得的价格。首先，虽然会加到工厂主的个别成本价格上，但不会加到商品的生产价格上，……超额利润，从而地租，从而瀑布的价格就会消失。

第四十五章
绝对地租

绝对地租的本质在于：不同生产部门内的各等量资本，在剩余价值率相等或劳动的剥削程度相等时，会按它们的不同的平均构成，生产出不等量的剩余价值。在工业上，这些不同的剩余价值量，会平均化为平均利润，平均分配在作为社会资本的相应部分的各个资本上。在生产上要用土地时，不论是用在农业上还是用在原料的开采上，土地所有权都会阻碍投在土地上面的各个资本的这种平均化过程，并攫取剩余价值的一部分，否则这一部分剩余价值是会进入平均化为一般利润率的过程的。这样，地租就成了商品价值的一部分，更确切地说，成了商品剩余价值的一部分，不过它不是落入从工人那里把它榨取出来的资本家阶级手中，而是落入从资本家那里把它榨取出来的土地所有者手中。这里的前提是，农业资本比非农业资本的一个同样大的部分推动更多的劳动。差额有多大，或者这个差额一般是否存在，这取决于农业和工业相比的相对发展程度。按照事物的本性来说，随着农业的进步，这个差额必然会缩小，除非工业资本中可变资本部分同不变资本部分相比减少的比例，比在农业资本中更大。

第五十一章
分配关系和生产关系

由每年新追加的劳动新加进的价值——从而，年产品中体现这个价值并且能够从总收益中取出和分离出来的部分，——分成三个部分，它们采取三种不同的收入形式，这些形式表明，这个价值的一部分属于或归于劳动力的所有者，另一部分属于或归于资本的所有者，第三部分属于或归于地产的所有者。因此，这就是分配的关系或形式。因为它们表示出新生产的总价值在不同生产要素的所有者中间进行分配的关系。

按照通常的看法，这些分配关系被认为是自然的关系，是从一切社会生产的性质，从人类生产本身的各种规律中产生出来的关系。诚然。不能否认，资本主义以前的社会出现过其他的分配方式，但是，人们把那些方式说成是这种自然分配关系的未发展的、未完成的、被伪装了的、没有被还原为最纯粹表现和最高形态的、具有异样色彩的方式。

相反，对资本主义生产方式的科学分析却证明：资本主义生产方式是一种特殊的、具有独特历史规定性的生产方式；它和任何其他一定的生产方式一样，把社会生产力及其发展形式的一个既定的阶段作为自己的历史条件，而这个条件又是一个先行过程的历史结果和产物，并且是新的生产方式由以产生的既定基础；同这种独特的、历史地规定的生产方式相适应的生产关系——即人们在他们的社会生活过程中、在他们的社会生活的生产中所处的各种关系——，具有一种独特的、历史的和暂时的性质；最后，分配关系本质上和这些生产关系是同一的，是生产关系的反面，所以二者共有同样的历史的暂时的性质。

我们再来考察一下这种所谓的分配关系本身。工资以雇佣劳动为前提，利润以资本为前提。因此，这些一定的分配形式是以生产条件的一定的社会性质和生产当事人之间的一定的社会关系为前提的。因此，一定的分配关系只是历史地规定的生产关系的表现。

现在我们来谈利润。剩余价值的这种一定的形式，是在资本主义生产形式中新形成生产资料的前提；因而是一种支配再生产的关系，虽然在资本家个人看来，好像他真正能够把全部利润当做收入来消费掉……在这里，利润不是表现为产品分配的主要因素，而是表现为产品生产本身的主要因素，即资本和劳动本身在不同生产部门之间分配的因素。利润分割为企业主收入和利息，这表现为同一收入的分配。但这种分割的发生，首先是由于资本作为自行增殖的、生产剩余价值的价值的发展，由于占统治地位的生产过程的这种一定的社会形式的发展。这种分割从它本身发展出了信用和信用制度，因而也发展出了生产的形式。在利息上等等，所谓的分配形式是作为决定的生产要素加入价格的。

至于地租，它能够表现为只是分配的形式，因为土地所有权本身在生产过程本身中不执行职能，至少不执行正常的职能。但是1. 地租只限于超过平均利润的余额；2. 土地所有者从生产过程和整个社会生活过程的操纵者和统治者降为单纯土地出租人，单纯用土地放高利贷的人，单纯收租人，——这些事实却是资本主义生产方式的独特的历史产物。

可见，所谓的分配关系，是同生产过程的历史地规定的特殊社会形式，以及人们在他们的人类生活的再生产过程中相互所处的关系相适应的，并且是由这些形式和关系产生的。这些分配关系的历史性质就是生产关系的历史性质，分配关系不过表现生产关系的一个方面。资本主义的分配不同于各种由其他生产方式产生的分配形式，而每一种分配形式，都会随着它由以产生并且与之相适应的一定的生产形式的消失而消失。

劳动过程的每个一定的历史形式，都会进一步发展这个过程的物质基础和社会形式。这个一定的历史形式达到一定的成熟阶段就会被抛弃，并让位给较高级的形式。分配关系，从而与之相适应的生产关系的一定的历史形式，同生产力，即生产能力及其要素的发展这两个方面之间的矛盾和对立一旦有了广度和深度，就表明这样的危机时刻已经到来。这时，在生产的物质发展和它的社会形式之间就发生冲突。

统　　筹：任　超
责任编辑：宋军花　余　雪
封面设计：石笑梦

图书在版编目（CIP）数据

重读《资本论》／程恩富，刘新刚 著．—北京：人民出版社，2018.5
ISBN 978－7－01－019320－5

I. ①重…　II. ①程…②刘…　III. ①《资本论》－马克思著作研究
IV. ① A811.23

中国版本图书馆 CIP 数据核字（2018）第 075769 号

重读《资本论》
CHONGDU ZIBENLUN

程恩富　刘新刚　著

人民出版社 出版发行
（100706　北京市东城区隆福寺街 99 号）

北京汇林印务有限公司印刷　新华书店经销

2018 年 5 月第 1 版　2018 年 5 月北京第 1 次印刷
开本：710 毫米 ×1000 毫米 1/16　印张：14.5
字数：146 千字

ISBN 978－7－01－019320－5　定价：46.00 元

邮购地址 100706　北京市东城区隆福寺街 99 号
人民东方图书销售中心　电话（010）65250042　65289539

版权所有・侵权必究
凡购买本社图书，如有印制质量问题，我社负责调换。
服务电话：（010）65250042